200 recettes d'Italie

200 recettes d'Italie

Joy Skipper

MARABOUT

Publié pour la première fois en Grande-Bretagne en 2012 par Hamlyn, département d'Octopus Publishing Group Ltd, sous le titre *Hamlyn Quick Cook Italian*.

Traduit de l'anglais par Anne-Claire Levaux.
Mises en pages : Nord Compo
Suivi éditorial : Natacha Kotchetkova

Pour Marabout, le principe est d'utiliser des papiers composés de fibres naturelles, renouvelables, recyclables et fabriquées à partir de bois issus de forêts qui adoptent un système d'aménagement durable. En outre, Marabout attend de ses fournisseurs de papier qu'ils s'inscrivent dans une démarche de certification environnementale reconnue.

Édité par Hachette Livre – Département Marabout
58, rue Jean-Bleuzen, 92170 Vanves

Achevé d'imprimer en novembre 2016
sur les presses de Pollina, France, L78380
73.2157.4 / 01
ISBN : 978-2-501-12050-0
Dépôt légal : janvier 2017

sommaire

introduction

La cuisine italienne

Quand nous pensons à la cuisine italienne, ce sont les pizzas, les pâtes et les risottos qui nous viennent immédiatement à l'esprit. Connus dans toute l'Europe, ils y sont cuisinés depuis de nombreuses années. Cependant, la cuisine italienne ne se limite pas à ces classiques.

L'Italie se compose de plusieurs régions qui possèdent chacune leurs spécialités culinaires. En Italie, la nourriture a toujours occupé une place importante dans la société. La diversité culinaire s'est développée après la chute de l'Empire romain, qui a rassemblé en un même pays plusieurs états distincts qui avaient chacun leur identité, et donc leurs traditions et leurs recettes. Il est encore possible de trouver la cuisine italienne traditionnelle dans certains petits villages isolés, où peu de chose a changé au fil des siècles. Sur les marchés, les paysans vendent les produits qu'ils cultivent et cueillent à la main.

La géographie joue également un rôle important dans la définition des styles culinaires, très différents entre les 2 400 km de côtes où abondent les poissons et fruits de mer, et les Apennins, chaîne de montagnes formant la colonne vertébrale du pays. Au Nord, où le climat est plus froid, la cuisine se fait au beurre, influencée par les traditions germaniques, alors que le Sud utilise des ingrédients méditerranéens, et notamment l'huile d'olive.

D'autres pays ont également influencé la cuisine italienne. Dans la région du Nord-Ouest, c'est l'influence française qui se fait sentir, on y utilise le beurre plutôt que l'huile d'olive. Au Nord-Est, dans la région frontalière avec l'Autriche, les viandes fumées et les plats en sauce sont courants. Dans le Sud, les produits de la mer sont davantage utilisés, notamment les anchois, les sardines et l'espadon. Si les styles culinaires varient selon les régions, plusieurs ingrédients de base sont consommés dans tout le pays : les pâtes, le riz à risotto et l'huile d'olive.

Le repas à l'italienne

La journée commence par un petit déjeuner composé d'une pâtisserie simple et d'une tasse de café. Le déjeuner, principal repas de la journée, comporte plusieurs plats. En Italie, le repas peut durer 1 à 2 heures, voire davantage. Les antipasti, servis avant le repas, prennent souvent la forme d'une assiette composée de charcuterie, fromage, poivrons farcis et pain. L'entrée est généralement constituée de pâtes, d'une soupe ou d'un plat à base de riz comme un risotto. Le plat principal est à base de viande, de volaille ou de poisson, et servi avec des pommes de terre, des légumes ou une salade. Il est suivi d'un dessert ou de fromages. Enfin, le repas se termine par une tasse de bon café italien fort.

Les Italiens associent bonne cuisine et ingrédients frais. Ils préfèrent utiliser les ingrédients de saison. Les recettes régionales tendent vers la simplicité et utilisent uniquement des ingrédients pouvant être cultivés localement.

Un style de vie sain

Les habitants des régions bordant la mer Méditerranée sont connus pour avoir l'une des alimentations les plus saines au monde : fruits et légumes cultivés localement, poissons et fruits de mer fraîchement pêchés, le tout arrosé d'une délicieuse huile d'olive (le régime italo-méditerranéen n'est pas spécialement pauvre en matières grasses, mais l'huile d'olive est un lipide sain). Par ailleurs, les Italiens prennent le temps de manger et de partager des repas en famille, à table. C'est une occasion de se retrouver, un événement social.

Techniques et astuces

La cuisine créative n'est pas réservée aux personnes qui disposent de beaucoup de temps pour cuisiner. Les recettes proposées dans ce livre utilisent des ingrédients sains et délicieux, que vous trouverez facilement. Rapides à préparer et savoureuses, elles sont idéales pour les personnes actives. Ces recettes vous apprendront à être inventif et efficace. Les condiments, assaisonnements, herbes et épices vous aideront à rehausser vos plats et vous feront découvrir toute une palette de saveurs, de couleurs et de textures.

Avoir une cuisine fonctionnelle vous permettra de gagner du temps au moment de préparer les repas. Pour ces recettes, il vous faudra une batterie de casseroles de tailles différentes, une poêle et un wok. Vous utiliserez aussi un mortier et un pilon. L'essoreuse à salade vous fera gagner du temps et une balance précise vous garantira de bons résultats. Enfin, pour les sauces et les soupes, il est utile d'avoir un robot ou un blender.

Les ingrédients

Avant de partir à la découverte du monde merveilleux de la cuisine italienne, il vous faudra remplir vos placards. Plus vous aurez d'ingrédients à votre disposition, plus vous aurez de choix parmi les recettes proposées.

Pâtes, polenta, riz et légumineuses

Les pâtes peuvent être fraîches ou sèches, avec ou sans œufs, avec de la farine de blé dur et/ou de blé tendre. Les Italiens sont très

attentifs à l'association entre la forme des pâtes et la sauce, et chaque région a ses spécialités.
La polenta est une farine de maïs grossièrement moulue. Cuite à l'eau, elle a la consistance de la purée de pommes de terre et est généralement servie avec une viande ou des calamars en sauce. Froide, elle durcit et peut être grillée. La polenta instantanée cuit en 5 minutes.
Le riz à risotto existe en plusieurs variétés : arborio, carnaroli et vialone nano, toutes produites dans la plaine du Pô. Le fait de remuer le risotto pendant la cuisson aide les grains à libérer leur amidon, ce qui le rend délicieusement crémeux.
Les haricots borlotti et cannellini, les pois chiches et les lentilles sont utilisés dans des soupes, salades et plats en sauce. Si vous en utilisez des secs, faites-les tremper une nuit dans de l'eau froide avant de les cuire. Rincez les légumineuses en conserve.

Fromages et charcuterie

Le parmesan est un fromage à pâte dure à base de lait de vache, fabriqué dans le nord de l'Italie et beaucoup utilisé dans la cuisine italienne. Le grana padano est un fromage similaire un peu moins cher. Le pecorino, fabriqué dans le centre et le sud de l'Italie, est à base de lait de brebis. Le fontina est un fromage doux originaire de la région du Piémont, qui fond de manière uniforme à la cuisson. Les fromages bleus comme le gorgonzola, au goût prononcé, et le dolcelatte, au goût plus doux et crémeux, sont souvent utilisés dans des sauces pour pâtes.
Les fromages à pâte molle abondent en Italie. La mozzarella est fabriquée avec du lait de vache ou de bufflonne. Utilisez la première si vous cuisinez, mais la seconde, beaucoup plus crémeuse, si vous la dégustez froide. La ricotta est un fromage à pâte molle à faible teneur en matières grasses, préparé avec le petit-lait issu de la production d'autres fromages. Le mascarpone, l'un des ingrédients du fameux tiramisu, est un fromage crémeux riche en matières grasses, à la texture onctueuse et au goût très doux.
Le prosciutto est un jambon italien cru et séché. Le jambon de Parme en est la variété la plus

connue. Il est souvent coupé en tranches très fines et servi cru en antipasti, mais il peut aussi être intégré à une salade ou utilisé pour envelopper un poisson, une viande ou une volaille.

Tomates

On trouve des tomates de toutes sortes en été en Italie, et chacune est cuisinée d'une manière précise. Les tomates roma sont utilisées pour les sauces et les conserves. La passata est une purée de tomates crues onctueuse, vendue en bocal ou en brique.

Champignons

Les champignons les plus courants en Italie sont les cèpes, les chanterelles et les girolles. Pendant la saison, à la fin de l'été et en automne, on les consomme crus en salade, poêlés à l'ail et mélangés avec des pâtes, sur des bruschettas ou de la polenta, dans des risottos, ou en accompagnement d'une viande. Le reste de l'année, les Italiens utilisent des champignons séchés qu'il faut réhydrater dans de l'eau chaude avant de les cuisiner.

Anchois, câpres et olives

Ces ingrédients faciles à conserver sont d'une aide inestimable pour agrémenter de nombreux plats. Les anchois peuvent être achetés frais ou conservés dans la saumure ou dans l'huile. Les câpres sont conservés dans la saumure ou le sel. Les olives sont un ingrédient de base de la cuisine italienne. Elles sont souvent proposées en antipasti, mais elles sont aussi utilisées pour garnir les pizzas et les pâtes.

Huile d'olive et vinaigre

L'huile d'olive vierge extra est produite en première pression à froid. Elle est plus parfumée que l'huile d'olive courante, produite industriellement. Nous vous conseillons d'utiliser une huile d'olive de moins bonne qualité pour la cuisson et de réserver l'huile de meilleure qualité pour les plats sans cuisson et les assaisonnements.

Le vinaigre de vin rouge est couramment utilisé en Italie pour les vinaigrettes et dans la cuisine. Le vinaigre balsamique, plus sucré et sirupeux, fabriqué à Modène, est utilisé pour relever une salade, une sauce ou un bol de fraises fraîches. Quelques gouttes suffisent.

antipasti

antipasti et gressins

Pour **4 personnes**
Prêt en **10 minutes**

100 g d'**olives marinées**
75 g d'**artichauts grillés**, marinés
50 g de **poivrons grillés**
50 g de **tomates séchées**
50 g d'**anchois marinés**
100 g de **prosciutto**
100 g de **salami**
220 g de **mozzarella**
6 c. à s. d'**huile d'olive vierge extra**
4 c. à s. de **vinaigre balsamique**
gressins pour servir

Disposez les ingrédients sur une grande assiette ou sur une planche. Juste avant de passer à table, versez l'huile d'olive et le vinaigre balsamique dans 2 bols différents pour y tremper les ingrédients.

Servez les antipasti avec les gressins.

bruschettas au maquereau

Prêt en **20 minutes**

Coupez 1 grosse baguette en 8 tranches. Badigeonnez-les d'huile d'olive et faites-les griller sous le gril du four pour qu'elles soient bien dorées des 2 côtés. Mélangez 225 g de maquereau fumé avec 6 tomates olivettes coupées en morceaux, 2 c. à s. de pignons de pin grillés, le jus de 1 citron et 1 c. à s. de persil ciselé. Mélangez ½ c. à c. de crème de raifort avec 175 g de cream cheese et étalez cette préparation sur les bruschettas. Ajoutez un peu de garniture au maquereau puis servez.

gressins au parmesan

Pour **4 personnes**
Prêt en **30 minutes**

250 g de **farine blanche T65** + un peu pour le plan de travail
½ sachet de 7 g de **levure de boulanger**
½ c. à c. de **sel**
½ c. à s. d'**huile d'olive**
150 ml d'**eau tiède**, environ
50 g de **parmesan** finement râpé

Farinez 2 plaques de cuisson. Mélangez la farine, la levure et le sel dans un saladier. Ajoutez l'huile d'olive et 1 ou 2 cuillerées à soupe d'eau. Mélangez à la main, en ajoutant progressivement le reste de l'eau jusqu'à obtenir une pâte molle mais non collante.

Saupoudrez de parmesan râpé et pétrissez la pâte jusqu'à ce que le fromage soit entièrement incorporé.

Pétrissez la pâte sur le plan de travail fariné 5 à 10 minutes jusqu'à ce qu'elle soit lisse et élastique.

Coupez la pâte en 16 morceaux de la taille d'une noix et roulez-les pour former des bâtonnets. Posez-les sur les plaques farinées.

Faites cuire 4 à 5 minutes au four préchauffé à 200 °C. Laissez refroidir sur une grille.

pain piadina

Prêt en **10 minutes**

Mélangez 280 g de farine, 160 g de semoule fine, ½ c. à c. de sel et 1 c. à s. de romarin haché dans un saladier. Ajoutez 1 à 2 c. à s. d'eau tiède. Mélangez à la main, en ajoutant progressivement 300 ml d'eau tiède jusqu'à obtenir une pâte molle mais non collante. Pétrissez-la sur un plan de travail fariné 2 à 3 minutes. Coupez-la en 8 morceaux et étalez-les en disques de 18 à 20 cm de diamètre. Posez-les sur 1 ou 2 plaques de cuisson farinées. Faites-les cuire 2 minutes de chaque côté au four préchauffé à 220 °C.

champignons aux épinards et à la mozzarella

Pour **4 personnes**
Prêt en **30 minutes**

8 gros **champignons portobello** ou gros **champignons de Paris**
3 c. à s. d'**huile d'olive**
8 branches de **thym**
2 c. à s. de **marsala**
100 g de **pancetta**
50 g de **châtaignes** hachées
200 g de **feuilles d'épinard**
220 g de **mozzarella** râpée
sel et **poivre**

Disposez les champignons dans un plat à gratin, arrosez-les avec 2 cuillerées à soupe d'huile d'olive, garnissez chacun avec 1 branche de thym et versez le marsala au fond du plat. Faites-les cuire 15 à 18 minutes au four préchauffé à 200 °C.

Faites chauffer le reste de l'huile dans une poêle et faites-y cuire la pancetta 4 à 5 minutes jusqu'à ce qu'elle soit dorée et commence à durcir. Ajoutez les châtaignes et les épinards, puis mélangez jusqu'à ce que les épinards soient flétris. Salez et poivrez généreusement.

Sortez les champignons du four, garnissez-les de préparation aux épinards puis de mozzarella. Poursuivez la cuisson 5 à 6 minutes sous le gril du four jusqu'à ce que la mozzarella soit fondue et dorée.

penne aux champignons

Prêt en **20 minutes**

Faites chauffer 475 g de champignons portobello émincés, 2 c. à c. de moutarde à l'ancienne, 4 gousses d'ail pilées, 1 pincée de piment séché et 300 ml de bouillon de légumes dans une casserole. Laissez frémir 10 à 12 minutes pour que le bouillon soit presque complètement absorbé. Faites cuire 400 g de penne dans une casserole d'eau bouillante en suivant les indications du paquet. Égouttez-les et ajoutez-les à la garniture avec le zeste râpé de 1 citron, 2 c. à s. de persil haché et 2 c. à s. de parmesan râpé. Servez avec une salade verte croquante.

peperonata

Pour **4 personnes**
Prêt en **30 minutes**

3 c. à s. d'**huile d'olive**
2 **oignons** émincés
2 **gousses d'ail** émincées
2 **poivrons rouges** épépinés et coupés en lamelles de 1 cm
2 **poivrons jaunes** épépinés et coupés en lamelles de 1 cm
350 g de **tomates** mûres coupées en morceaux
1 petite poignée de feuilles de **basilic** ciselées

Faites chauffer l'huile d'olive dans une poêle et faites-y revenir les oignons et l'ail pendant 1 à 2 minutes.

Ajoutez les poivrons et faites cuire 10 minutes à feu moyen, puis ajoutez les tomates.

Poursuivez la cuisson 15 minutes jusqu'à ce que les poivrons soient tendres.

Ajoutez le basilic puis servez.

salade peperonata

Prêt en **10 minutes**

Mélangez 2 poivrons rouges et 2 poivrons jaunes épépinés et coupés en lamelles, avec 4 tomates coupées en tranches, 1 petite poignées de feuilles de basilic et 50 g de pousses d'épinard. Arrosez avec 2 c. à s. d'huile d'olive et le jus de ½ citron puis mélangez.

courgettes farcies

Pour **4 personnes**
Prêt en **30 minutes**

4 **courgettes**
175 g de **tomates olivettes** hachées
210 g de **mozzarella** râpée
2 c. à s. de feuilles de **basilic** ciselées
25 de **parmesan** râpé
sel et **poivre**

Coupez les courgettes en deux dans le sens de la longueur et évidez-les. Conservez la chair.

Déposez les moitiés de courgette dans un plat à gratin et faites-les cuire 10 minutes au four préchauffé à 200 °C.

Pendant ce temps, hachez la chair des courgettes et mélangez-la dans un bol avec les tomates, la mozzarella râpée et le basilic. Salez et poivrez.

Sortez les courgettes du four et garnissez-les de cette préparation.

Parsemez de parmesan râpé et poursuivez la cuisson 15 minutes jusqu'à ce que la garniture soit bien dorée.

salade de courgettes

Prêt en **10 minutes**

Râpez 2 grosses courgettes dans un saladier. Ajoutez 1 piment rouge, épépiné et finement haché, et 5 à 6 feuilles de basilic hachées. Fouettez 2 c. à s. d'huile d'olive vierge extra, un peu de jus de citron et ½ c. à c. de miel dans un bol. Versez la vinaigrette sur les courgettes et mélangez.

salade de pommes de terre à la sicilienne

Pour **4 personnes**
Prêt en **20 minutes**

6 à 7 **pommes de terre** épluchées et coupées en morceaux
1 c. à c. d'**origan** haché
2 **gousses d'ail** pilées
1 c. à c. de **vinaigre de vin rouge**
3 c. à s. d'**huile d'olive vierge extra**
500 g de **tomates olivettes** mûres, coupées en morceaux
1 **oignon rouge** émincé
10 à 12 **olives noires** dénoyautées
4 **œufs durs** coupés en rondelles

Faites cuire les pommes de terre à l'eau bouillante pendant 12 à 15 minutes jusqu'à ce qu'elles soient tendres. Égouttez-les et laissez-les refroidir quelques minutes.

Fouettez l'origan, l'ail, le vinaigre et l'huile d'olive dans un bol. Réservez.

Mélangez les pommes de terre tièdes, les tomates, l'oignon rouge, les olives et les œufs dans un saladier et arrosez de vinaigrette. Laissez reposer 2 à 3 minutes avant de servir.

salade de thon et pommes de terre

Prêt en **30 minutes**

Préparez la salade ci-dessus. À la fin de la cuisson des pommes de terre, poivrez 2 steaks de thon de 150 g chacun et faites-les cuire 4 à 5 minutes de chaque côté. Laissez-les reposer 2 à 3 minutes puis coupez-les en morceaux et ajoutez-les à la salade.

tapenade d'olives noires

Pour **4 personnes**
Prêt en **10 minutes**

3 c. à s. de **câpres**
4 **filets d'anchois**
1 **gousse d'ail** pilée
le **jus** de 1 **citron**
250 g d'**olives noires** dénoyautées
2 c. à s. de **persil** haché
3 ou 4 c. à s. d'**huile d'olive**
1 pain **ciabatta** coupé en tranches
sel et **poivre**

Mettez les câpres, les filets d'anchois, l'ail et le jus de citron dans le bol d'un mixeur ou d'un blender, et hachez pendant 10 secondes environ pour obtenir une purée avec morceaux.

Ajoutez les olives, le persil haché et suffisamment d'huile d'olive pour obtenir une pâte. Mélangez quelques secondes au mixeur, salez et poivrez.

Faites dorer les tranches de ciabatta des 2 côtés. Étalez la tapenade sur le pain puis servez.

asperges, tomates, chèvre et olives

Prêt en **30 minutes**

Mettez 450 g de tomates cerises dans un plat à gratin, arrosez de 2 c. à s. d'huile d'olive, salez et poivrez. Ajoutez 4 gousses d'ail coupées en deux et faites cuire 10 minutes au four préchauffé à 200 °C. Retirez un peu de jus des tomates et ajoutez 400 g de pointes d'asperges. Poursuivez la cuisson 10 minutes au four. Faites cuire 4 tranches de fromage de chèvre ferme avec la croûte pendant quelques minutes sous le gril préchauffé jusqu'à ce qu'il soit doré et ramolli. Servez les asperges et les tomates sur 4 assiettes chaudes. Garnissez de 100 g d'olives noires dénoyautées et de tranches de chèvre grillées.

salade de poivrons rouges grillés au chèvre

Pour **4 personnes**
Prêt en **20 minutes**

4 **poivrons rouges** coupés en deux et épépinés
3 c. à s. d'**huile d'olive vierge extra**
le **jus** de ½ **citron**
1 c. à c. de **miel**
1 c. à c. de **moutarde**
1 **gousse d'ail** pilée
75 g de **pignons de pin**
150 g de **fromage de chèvre**
10 à 12 feuilles de **basilic**
poivre

Faites cuire les poivrons rouges, côté coupé vers le bas, pendant 8 à 10 minutes sous le gril préchauffé jusqu'à ce que la peau soit noire.

Fouettez l'huile d'olive, le jus de citron, le miel, la moutarde et l'ail dans un bol. Poivrez.

Mettez les moitiés des poivrons dans un saladier, couvrez de film alimentaire et laissez refroidir jusqu'à pouvoir les manipuler. Retirez leur peau.

Faites griller les pignons à sec dans une poêle jusqu'à ce qu'ils soient dorés.

Coupez les poivrons en lamelles et posez-les sur une assiette. Émiettez le fromage de chèvre et parsemez-le sur les poivrons. Ajoutez les feuilles de basilic et mélangez délicatement. Arrosez de vinaigrette, garnissez de pignons puis servez.

bruschettas au poivron rouge et au chèvre

Prêt en **30 minutes**

Préparez la salade de poivrons au chèvre comme ci-dessus. Coupez 1 grosse baguette en tranches. Arrosez-les d'huile d'olive et faites-les griller sous le gril du four pour qu'elles soient bien dorées des 2 côtés. Frottez chaque tranche avec 1 gousse d'ail. Répartissez la salade sur les tranches de pain, parsemez de pignons grillés puis servez.

frittata aux asperges

Pour **4 personnes**
Prêt en **30 minutes**

400 g d'**asperges**
2 c. à s. d'**huile d'olive**
6 gros **œufs**
50 g de **parmesan** râpé
1 c. à s. d'**origan** haché
sel et **poivre**

Cassez le bout dur des asperges et jetez-le. Mélangez les pointes avec 1 cuillerée à soupe d'huile d'olive. Faites chauffer une poêle-gril et faites-y cuire les asperges 4 à 5 minutes pour qu'elles commencent à griller. Coupez-les en trois.

Battez les œufs dans un saladier avec le parmesan râpé, l'origan, salez et poivrez. Ajoutez les asperges.

Faites chauffer le reste de l'huile dans une poêle antiadhésive allant au four. Versez la préparation dans la poêle et faites cuire 8 à 10 minutes à feu doux, en remuant la poêle de temps en temps pour que les œufs encore liquides se répartissent bien.

Poursuivez la cuisson 4 à 5 minutes sous le gril préchauffé pour que le dessus de la frittata soit doré. Démoulez-la sur une planche, coupez-la en quatre puis servez.

asperges grillées

Prêt en **10 minutes**

Mélangez 450 g d'asperges parées avec 2 c. à s. d'huile d'olive. Faites chauffer une poêle-gril et faites-y cuire les asperges 4 à 5 minutes, en les retournant 1 fois. Arrosez-les d'un filet d'huile d'olive, garnissez de copeaux de parmesan puis servez.

gratin de pommes de terre aux champignons

Pour **4 personnes**
Prêt en **30 minutes**

beurre pour le plat
600 g de **pommes de terre** épluchées et coupées en fines rondelles
300 g de **champignons bruns de Paris** ou de **cèpes**, émincés
1 gros **oignon** émincé
125 ml d'**huile d'olive**
3 c. à s. de **persil** haché
50 g de **chapelure**
50 g de **parmesan** râpé
sel et **poivre**

Beurrez un plat à gratin. Plongez les pommes de terre 2 à 3 minutes dans une casserole d'eau bouillante puis égouttez-les.

Disposez les rondelles de pomme de terre, les champignons et l'oignon émincés en différentes couches superposées. Nappez chaque couche d'un filet d'huile d'olive et ajoutez 1 pincée de persil.

Salez et poivrez généreusement, puis garnissez avec la chapelure et le parmesan. Faites cuire 22 minutes environ au four préchauffé à 200 °C pour que les pommes de terre soient cuites et le dessus bien doré.

champignons à l'ail et purée de pommes de terre

Prêt en **10 minutes**

Faites chauffer 3 c. à s. d'huile d'olive et 25 g de beurre dans une poêle et faites-y revenir 3 gousses d'ail pilées 1 à 2 minutes. Ajoutez 300 g de champignons bruns de Paris coupés en lamelles et faites cuire 4 à 5 minutes. Préparez 600 g de purée de pommes de terre prête à l'emploi en suivant les indications du paquet. Ajoutez 1 c. à s. de persil haché dans la poêle et mélangez. Disposez les champignons sur la purée. Arrosez de 1 c. à s. d'huile d'olive puis servez.

soupe aux tomates rôties

Pour **4 personnes**
Prêt en **30 minutes**

1 kg de **tomates** mûres coupées en deux
4 **gousses d'ail** non pelées
2 c. à s. d'**huile d'olive**
1 **oignon** haché
1 **carotte** hachée
1 bâton de **céleri** émincé
1 **poivron rouge** épépiné et haché
700 ml de **bouillon de légumes** chaud
sel et **poivre**
4 c. à s. de **parmesan** râpé pour servir

Mettez les tomates et les gousses d'ail dans un plat à gratin. Arrosez de 1 cuillerée à soupe d'huile d'olive, poivrez, et faites cuire 20 minutes au four préchauffé à 200 °C.

Au bout de 10 minutes de cuisson, faites chauffer le reste de l'huile d'olive dans une casserole et faites-y revenir l'oignon, la carotte, le céleri et le poivron à feu doux pendant 10 minutes.

Quand les tomates sont cuites, épluchez les gousses d'ail en les pressant et ajoutez-les aux légumes dans la casserole.

Versez les tomates rôties et leur jus, puis le bouillon de légumes. Mixez la soupe avec un mixeur plongeant ou au blender jusqu'à ce qu'elle soit onctueuse. Salez et poivrez.

Réchauffez la soupe, si nécessaire, et servez-la saupoudrée de parmesan.

tomates rôties vite prêtes

Prêt en **10 minutes**

Faites griller 4 tranches de pain des 2 côtés puis frottez chacune avec 1 gousse d'ail et garnissez-les de basilic ciselé. Coupez 4 tomates en rondelles et disposez-les sur les tranches de pain. Ajoutez 125 g de mozzarella râpée et faites cuire sous le gril préchauffé jusqu'à ce que le fromage soit doré et bien chaud.

soufflés à la ricotta

Pour **4 personnes**
Prêt en **30 minutes**

475 g de **ricotta**
le **zeste** râpé de 1 **citron**
4 **œufs** battus
40 g de **parmesan** râpé
1 c. à c. de feuilles de **thym** finement hachées
625 g de **jeunes pousses d'épinard**
4 **tomates** mûres coupées en morceaux
poivre
2 c. à c. d'**huile d'olive vierge extra** pour servir

Fouettez la ricotta, le zeste de citron, les œufs, le parmesan et le thym dans un saladier. Poivrez. Répartissez dans 4 ramequins. Faites cuire 20 à 22 minutes au four préchauffé à 190 °C jusqu'à ce que la préparation soit gonflée et légèrement dorée.

Faites cuire les épinards à la vapeur 1 à 2 minutes jusqu'à ce qu'ils se flétrissent, puis répartissez-les dans 4 assiettes.

Laissez refroidir les ramequins 1 à 2 minutes. Passez la lame d'un couteau le long des bords et démoulez-les sur les épinards.

Garnissez de tomates et arrosez d'un filet d'huile d'olive avant de servir.

dip à la ricotta

Prêt en **10 minutes**

Mélangez 2 c. à s. de pesto du commerce et 2 c. à s. de pignons de pin grillés avec 300 g de ricotta dans un bol. Ouvrez et épépinez 2 poivrons jaunes puis coupez-les en lamelles et servez-les avec le dip.

salade de fèves aux anchois et aux tomates

Pour **4 personnes**
Prêt en **20 minutes**

1,3 kg de **fèves** fraîches ou surgelées
3 c. à s. d'**huile d'olive**
450 g de **tomates cerises** coupées en deux
6 **oignons verts** émincés
2 **gousses d'ail** émincées
6 **filets d'anchois** hachés
1 c. à s. de feuilles de **basilic** ciselées
1 c. à s. de **persil** haché
50 g de **roquette**
2 c. à s. de copeaux de **parmesan** pour servir

Plongez les fèves dans une casserole d'eau bouillante 1 minute puis passez-les sous l'eau froide pour les refroidir. Égouttez-les et ôtez leur peau.

Faites chauffer l'huile d'olive dans une poêle et faites cuire les tomates à feu moyen 4 à 5 minutes. Ajoutez les oignons verts et l'ail et poursuivez la cuisson 1 à 2 minutes, puis les fèves. Incorporez les anchois et les herbes et faites cuire 1 à 2 minutes.

Versez dans un saladier, ajoutez la roquette et mélangez. Garnissez de copeaux de parmesan avant de servir.

poivrons grillés aux tomates et aux anchois

Prêt en **30 minutes**

Posez 4 poivrons coupés en deux et épépinés dans un plat à gratin, côté coupé vers le haut. Coupez 8 tomates en deux et répartissez-les dans les poivrons. Garnissez chacun avec 1 ou 2 filets d'anchois, quelques tranches d'ail émincé et un peu de romarin. Arrosez de 2 à 3 c. à s. d'huile d'olive, poivrez et faites cuire 22 à 25 minutes au four préchauffé à 200 °C.

brochettes de légumes à l'italienne

Pour **4 personnes**
Prêt en **20 minutes**

2 **poivrons rouges** épépinés et coupés en morceaux
1 **poivron jaune** épépiné et coupé en morceaux
2 **courgettes** coupées en rondelles
1 gros **oignon rouge** coupé en quartiers
2 c. à s. d'**huile d'olive**
2 c. à s. de **jus de citron**
2 c. à s. de feuilles de **basilic** ciselées
sel et **poivre**

Mettez les légumes dans un saladier et mélangez-les avec l'huile d'olive, le jus de citron, le basilic, du sel et du poivre.

Piquez-les sur des brochettes en métal et faites-les griller au barbecue ou au gril, à feu moyen, pendant 10 à 12 minutes, en les retournant de temps en temps. Servez sans attendre.

légumes grillés

Prêt en **10 minutes**

Coupez 3 courgettes en lamelles épaisses, dans la longueur, et épépinez 2 poivrons rouges et 2 poivrons jaunes puis coupez-les en lamelles épaisses. Faites chauffer une poêle-gril et faites-y cuire les légumes 4 à 5 minutes jusqu'à ce qu'ils commencent à griller. Disposez-les sur un plat et garnissez-les de 3 c. à s. de copeaux de parmesan et de 2 c. à s. de feuilles de basilic ciselées. Agrémentez de vinaigrette italienne et servez.

tarte aux champignons

Pour **4 personnes**
Prêt en **30 minutes**

375 g de **pâte brisée** prête à l'emploi
10 g de **cèpes séchés**
2 c. à s. d'**huile d'olive**
1 **oignon rouge** émincé
350 g d'un **mélange de champignons** (des bois et bruns de Paris)
2 **œufs** battus
100 g de **mascarpone**
1 c. à c. de feuilles de **thym**
2 c. à c. de **moutarde à l'ancienne**
40 g de **parmesan** râpé
sel et **poivre**

Foncez la pâte dans un moule à tarte de 23 cm de diamètre. Placez 5 minutes au réfrigérateur.

Mettez les cèpes dans un bol et couvrez-les d'eau bouillante.

Faites chauffer l'huile d'olive dans une poêle et faites-y revenir l'oignon et les champignons pendant 5 minutes, en remuant.

Battez les œufs, le mascarpone et les feuilles de thym dans un saladier. Salez et poivrez.

Égouttez les cèpes et hachez-les. Ajoutez-les à la préparation à base d'œufs, puis ajoutez les champignons cuits. Mélangez bien.

Étalez la moutarde sur le fond de tarte. Versez la garniture et lissez-la avec le dos d'une cuillère. Parsemez de parmesan râpé et faites cuire 20 minutes au four préchauffé à 200 °C. Coupez la tarte en parts généreuses et servez-la chaude ou froide.

bruschetta aux champignons et au taleggio

Prêt en **10 minutes**

Faites chauffer 2 c. à s. d'huile d'olive dans une poêle et faites-y revenir 100 g de champignons des bois avec 1 gousse d'ail pilée 4 à 5 minutes. Incorporez 1 c. à s. de persil haché. Faites dorer 8 tranches de baguette des deux côtés. Garnissez chaque tranche avec un peu de champignons et 1 tranche de taleggio. Faites dorer 1 à 2 minutes sous le gril préchauffé. Servez tiède.

salade de tomates, basilic et mozzarella

Pour **4 personnes**
Prêt en **20 minutes**

3 c. à s. d'**huile d'olive vierge extra**
le **jus** de ½ **citron**
1 c. à c. de **miel**
1 c. à c. de **moutarde**
1 **gousse d'ail** pilée
875 g de **tomates** mûres
420 g de **mozzarella** coupée en tranches
10 à 12 feuilles de **basilic** ciselées
poivre

Fouettez l'huile d'olive, le jus de citron, le miel, la moutarde, l'ail et un peu de poivre dans un bol.

Mettez les tomates dans un saladier et couvrez-les d'eau bouillante. Laissez reposer 30 secondes puis égouttez-les et passez-les sous l'eau froide. Pelez-les et coupez-les en rondelles.

Disposez les rondelles de tomate et les tranches de mozzarella sur les assiettes ou sur un plat. Décorez avec les feuilles de basilic. Arrosez de vinaigrette et laissez reposer 5 minutes avant de servir.

tarte tomate-mozzarella

Prêt en **30 minutes**

Déroulez 1 pâte feuilletée de 300 g sur un plan de travail fariné et étalez-la pour former un carré de 25 cm de côté. Posez-le sur une plaque de cuisson et tracez un carré à 2,5 cm du bord. Faites cuire la pâte 10 minutes au four préchauffé à 200 °C. Coupez en rondelles 600 g de tomates et 200 g de mozzarella, et disposez-les dans le carré central, en les intercalant. Garnissez avec 10 à 12 feuilles de basilic et 2 c. à s. de pignons de pin. Faites cuire 10 à 12 minutes jusqu'à ce que la mozzarella soit fondue et la pâte bien dorée. Servez avec 60 g de roquette assaisonnée de 2 c. à s. d'huile d'olive et de 1 c. à s. de vinaigre balsamique.

salade de poires, noix et gorgonzola

Pour **4 personnes**
Prêt en **10 minutes**

3 c. à s. d'**huile d'olive vierge extra**
1 c. à c. de **moutarde de Dijon**
1 c. à s. de **vinaigre blanc**
1 c. à c. de **sucre en poudre**
40 g de **noix** concassées
1 **radicchio** (chicorée rouge), feuilles détachées
50 g de **roquette**
1 cœur de **laitue romaine**, feuilles détachées et ciselées
2 **poires** épépinées et coupées en lamelles
175 g de **gorgonzola** émietté

Fouettez l'huile d'olive, la moutarde, le vinaigre et le sucre dans un bol.

Faites griller les morceaux de noix dans une poêle afin de libérer leur arôme.

Mélangez le radicchio, la roquette et la romaine dans un saladier. Répartissez les feuilles dans 4 assiettes et garnissez de lamelles de poire, de gorgonzola émietté et de noix.

Nappez de vinaigrette, mélangez puis servez.

gorgonzola et poires tièdes au marsala

Prêt en **20 minutes**

Mettez 4 tranches de gorgonzola de 100 g chacune sur un plat. Épépinez et coupez 2 poires en 8 quartiers. Faites chauffer 1 c. à s. d'huile d'olive dans une poêle et faites-y cuire les poires 3 à 4 minutes de chaque côté. Fouettez 2 c. à s. de miel et 2 c. à s. de marsala, puis versez cette préparation dans la poêle. Laissez frémir et épaissir quelques minutes. Avec une écumoire, sortez les poires de la poêle et disposez-les sur le gorgonzola. Faites revenir 60 g de cerneaux de noix dans le reste de la sauce. Versez le tout sur les poires puis servez.

bruschettas aux haricots et aux poivrons rouges

Pour **4 personnes**
Prêt en **20 minutes**

1 grosse **baguette** coupée en 8 tranches
3 c. à s. d'**huile d'olive**
1 **gousse d'ail**
400 g de **haricots borlotti** en conserve, rincés et égouttés
3 **oignons verts** émincés
100 g de **poivrons rouges grillés** en bocal, égouttés et coupés en fines lamelles
6 feuilles de **basilic** ciselées
sel et **poivre**

Posez les tranches de baguette sur une plaque de cuisson et arrosez-les de 2 cuillerées à soupe d'huile d'olive. Faites-les dorer 2 à 3 minutes sous le gril préchauffé. Frottez chaque tranche avec la gousse d'ail.

Mélangez les haricots borlotti égouttés et les oignons verts dans un saladier puis écrasez-les légèrement avec une fourchette. Ajoutez les poivrons, le basilic, le reste de l'huile d'olive, salez et poivrez.

Garnissez les tranches de baguette de cette préparation et servez sans attendre.

salade de poivrons grillés et haricots

Prêt en **30 minutes**

Coupez 4 poivrons rouges en deux, ôtez les pépins et le cœur. Faites-les cuire sous le gril, côté coupé vers le bas, jusqu'à ce que la peau soit noire. Mettez-les dans un saladier, couvrez de film alimentaire et laissez refroidir. Fouettez 3 c. à s. d'huile d'olive vierge extra avec le jus de ½ citron, 1 c. à c. de moutarde de Dijon et ½ c. à c. de sucre. Mélangez 1 laitue romaine coupée en lamelles, 1 petit oignon rouge émincé, 150 g de tomates cerises coupées en deux, 2 c. à s. de persil haché et 400 g de haricots borlotti en conserve, rincés et égouttés. Retirez la peau des poivrons et coupez-les en lamelles. Mélangez-les avec les autres ingrédients. Faites cuire 4 tranches de fromage de chèvre ferme avec la croûte 3 à 4 minutes sous le gril préchauffé. Répartissez la salade dans 4 assiettes et garnissez chacune avec 1 tranche de chèvre grillé. Arrosez de vinaigrette et parsemez 1 c. à s. de feuilles d'origan avant de servir.

arancinis

Pour **4 personnes**
Prêt en **20 minutes**

700 g de **risotto aux épinards** froid (restes ou prêt à l'emploi)
100 g de **mozzarella** coupée en dés
2 **œufs** battus
150 g de **chapelure** fraîche
750 à 900 ml d'**huile d'arachide**
roquette pour servir

Humidifiez vos mains, prélevez une petite poignée de risotto froid et formez 1 boulette. Enfoncez 1 dé de mozzarella au centre de la boulette et refermez-la en pressant le riz. Répétez l'opération avec le reste du risotto et de la mozzarella afin de préparer 12 boulettes.

Mettez les œufs battus dans une assiette creuse et la chapelure dans une autre. Trempez chaque boulette dans les œufs puis dans la chapelure en la roulant pour l'enrober complètement. Faites chauffer l'huile d'arachide dans une sauteuse ou une grande casserole jusqu'à 180-190 °C. Faites cuire les arancinis 3 à 4 minutes. Procédez en plusieurs tournées. Sortez-les avec une écumoire et égouttez-les sur du papier absorbant.

Servez-les chauds avec une salade de roquette.

salade de riz

Prêt en **10 minutes**

Mélangez 400 g de riz long grain cuit, 250 g de pointes d'asperge en conserve, 1 poivron rouge épépiné et coupé en morceaux, 2 c. à s. de tomates séchées hachées, le zeste et le jus de 1 citron, 2 c. à s. d'huile d'olive vierge extra, 250 g de petites boules de mozzarella coupées en deux et 1 belle poignée de feuilles de basilic ciselées. Salez et poivrez, puis servez.

soupe au chou de Savoie et au parmesan

Pour **4 personnes**
Prêt en **30 minutes**

4 c. à s. d'**huile d'olive**
1 **oignon** haché
2 **gousses d'ail** pilées
½ c. à c. de **graines de fenouil**
1 **chou de Savoie**
1 **pomme de terre** coupée en dés
1 litre de **bouillon de légumes**
75 g de **parmesan** râpé + 1 c. à s. pour décorer
sel et **poivre**
pain croustillant pour servir

Faites chauffer 2 cuillerées à soupe d'huile d'olive dans une casserole et faites-y revenir l'oignon, l'ail et les graines de fenouil 3 à 4 minutes.

Coupez 4 feuilles du chou et réservez-les. Émincez finement le reste du chou, ajoutez-le dans la casserole avec la pomme de terre et poursuivez la cuisson 3 à 4 minutes, puis versez le bouillon de légumes. Laissez frémir 10 minutes jusqu'à ce que la pomme de terre soit tendre. Ajoutez le parmesan râpé.

Mixez la soupe à l'aide d'un mixeur plongeant ou au blender. Salez et poivrez.

Faites chauffer le reste de l'huile d'olive dans une poêle et faites-y revenir le chou réservé. Décorez chaque bol de soupe avec un peu de chou frit.

Décorez de parmesan râpé et servez avec du pain croustillant.

coleslaw et vinaigrette à l'italienne

Prêt en **10 minutes**

Fouettez 3 c. à s. d'huile d'olive vierge extra, 1 c. à s. de vinaigre blanc, 1 c. à s. de persil haché, ½ c. à s. de jus de citron, 1 gousse d'ail pilée, ½ c. à c. de basilic séché et 1 pincée d'origan séché. Émincez ½ chou blanc, 2 carottes et ½ oignon et mélangez-les avec la vinaigrette dans un saladier.

aubergines rôties

Pour **4 personnes**
Prêt en **30 minutes**

2 **aubergines** coupées en deux dans la longueur
4 c. à s. d'**huile d'olive**
4 **tomates** coupées en rondelles
200 g de **mozzarella** coupée en tranches
1 petite poignée de feuilles de **basilic**
2 c. à s. de **pignons de pin** grillés
poivre
salade verte croquante pour servir

Posez les moitiés d'aubergine dans un plat à gratin, arrosez-les d'huile d'olive et faites-les cuire 20 minutes au four préchauffé à 200 °C, jusqu'à ce qu'elles soient tendres.

Sortez-les du four, ajoutez les rondelles de tomate et les tranches de mozzarella par-dessus et poursuivez la cuisson pendant 5 minutes jusqu'à ce que le fromage ait fondu.

Ajoutez les feuilles de basilic et les pignons, poivrez et servez avec une salade verte croquante.

caviar d'aubergine et bruschetta aux oignons

Prêt en **10 minutes**

Faites chauffer 1 c. à s. d'huile d'olive dans une poêle et faites-y revenir 1 oignon émincé à feu doux, pendant 6 minutes, en remuant de temps en temps, jusqu'à ce qu'il commence à caraméliser. Saupoudrez ½ c. à c. de sucre et ajoutez 1 c. à c. de vinaigre balsamique. Poursuivez la cuisson pendant 1 minute. Faites dorer 8 tranches de ciabatta des 2 côtés et nappez-les de caviar d'aubergine. Garnissez d'oignons caramélisés puis servez.

fenouil rôti au gorgonzola

Pour **4 personnes**
Prêt en **30 minutes**

4 bulbes de **fenouil**
3 c. à s. d'**huile d'olive**
200 g de **gorgonzola**
poivre

Parez les bulbes de fenouil et coupez-les en deux verticalement.

Faites chauffer l'huile d'olive dans une poêle et faites-y revenir le fenouil pendant 2 à 3 minutes, puis versez dans un plat à gratin.

Coupez le gorgonzola en morceaux et parsemez-les sur le fenouil.

Faites gratiner 25 minutes au four préchauffé à 200 °C jusqu'à ce que le fenouil soit tendre et commence à dorer sur les bords.

croûtons au gorgonzola et salade de fenouil

Prêt en **20 minutes**

Pelez 2 oranges et séparez les segments au-dessus d'un bol pour récupérer le jus. Fouettez le jus d'orange avec 3 c. à s. d'huile d'olive vierge extra, 2 c. à c. de miel et 1 c. à c. de moutarde à l'ancienne. Faites griller à sec 3 c. à s. de graines de courge dans une poêle. Mélangez les segments d'orange, 2 bulbes de fenouil émincés, 50 g de cresson et la vinaigrette. Pour les croûtons, coupez une baguette en 8 tranches. Faites-les dorer d'un côté sous le gril préchauffé, retournez-les, garnissez-les de 175 g de gorgonzola. Faites-les chauffer jusqu'à ce que le fromage soit bien doré. Répartissez la salade dans 4 assiettes et déposez 2 croûtons au gorgonzola dans chacune. Parsemez de graines de courge grillées avant de servir.

crostinis aux champignons

Pour **4 personnes**
Prêt en **20 minutes**

2 fines **baguettes**
4 c. à s. d'**huile d'olive**
2 **gousses d'ail** dont
1 entière et 1 pilée
1 **échalote** coupée en dés
125 g d'un **mélange de champignons des bois** coupés en morceaux
1 c. à s. de **persil** haché
poivre

Coupez les baguettes en tranches d'environ 2,5 cm d'épaisseur, en biais. Posez les tranches de baguette sur une plaque de cuisson et arrosez-les de 2 cuillerées à soupe d'huile d'olive. Faites-les dorer 4 à 5 minutes au four préchauffé à 200 °C. Frottez chaque tranche avec la gousse d'ail entière et réservez-les au chaud.

Faites chauffer le reste de l'huile dans une poêle et faites-y revenir l'échalote et l'ail pilé 3 à 4 minutes, puis ajoutez les champignons et faites-les cuire jusqu'à ce qu'ils libèrent leur jus. Ajoutez le persil haché et poivrez.

Garnissez chaque crostini de champignons puis servez.

omelette aux champignons des bois

Prêt en **30 minutes**

Faites chauffer 1 c. à s. d'huile d'olive avec 20 g de beurre dans une poêle et faites-y revenir ½ petit oignon émincé 1 à 2 minutes. Ajoutez 125 g de champignons des bois et faites cuire 2 à 3 minutes. Versez 6 œufs battus avec ½ c. à s. d'estragon haché. Quand l'omelette est presque cuite, repliez délicatement une moitié sur l'autre et faites-la glisser sur une assiette chaude. Coupez-la en deux et réservez. Répétez l'opération avec les mêmes ingrédients pour préparer une seconde omelette. Servez avec une salade verte.

radicchio grillé et pancetta

Pour **4 personnes**
Prêt en **20 minutes**

2 c. à s. d'**huile d'olive**
½ c. à s. de **vinaigre balsamique**
3 **gousses d'ail** pilées
1 c. à s. de **romarin** haché
2 **radicchio** (chicorée rouge) coupés en quatre
8 tranches de **pancetta**
poivre
copeaux de **pecorino** pour décorer

Fouettez l'huile d'olive, le vinaigre, l'ail et le romarin dans un saladier non métallique et poivrez généreusement. Ajoutez les radicchio et mélangez pour les enrober de sauce. Laissez reposer 10 minutes.

Enveloppez chaque quartier de radicchio dans une tranche de pancetta. Faites-les griller sous un gril préchauffé ou au barbecue pendant 5 à 6 minutes, en les retournant de temps en temps, jusqu'à ce que les bords soient croustillants et légèrement dorés.

Disposez les radicchio sur un plat, arrosez du reste de la marinade et parsemez de copeaux de pecorino avant de servir.

salade de radicchio

Prêt en **10 minutes**

Faites griller 50 g de pancetta coupée en dés sous le gril préchauffé pour qu'elle soit croustillante. Mélangez 1 petit radicchio émincé, 2 carottes et 1 bulbe de fenouil coupés en allumettes, 2 c. à s. de mayonnaise, le jus de ½ citron, un peu de sel et de poivre. Parsemez de pancetta croustillante et servez.

panzanella

Pour **4 personnes**
Prêt en **30 minutes**

300 g de **tomates** mûres
125 g de **ciabatta**
16 **olives** dénoyautées
3 c. à c. de **câpres**
½ **oignon rouge** émincé
300 g de **tomates cerises** rouges et jaunes, coupées en deux
6 à 8 feuilles de **basilic**
1 c. à s. de **vinaigre de vin** rouge
2 c. à s. d'**huile d'olive**

Mettez les tomates dans un chinois au-dessus d'un saladier. Avec le dos d'une cuillère, écrasez-les pour que leur jus coule dans le saladier.

Coupez le pain en gros morceaux et mélangez-les avec le jus des tomates. Laissez reposer 15 minutes puis transférez dans un plat.

Ajoutez les autres ingrédients, arrosez de vinaigre et d'huile d'olive avant de servir.

toasts de ciabatta à la tomate

Prêt en **10 minutes**

Faites dorer 8 tranches de ciabatta des 2 côtés et frottez chacune avec 1 gousse d'ail. Garnissez-les de 300 g de tomates coupées en morceaux et de 2 c. à c. de câpres. Ajoutez du basilic haché et arrosez d'un filet d'huile d'olive avant de servir.

tuiles de parmesan

Pour **4 personnes**
Prêt en **10 minutes**

150 g de **parmesan** râpé

Tapissez 2 ou 3 plaques de cuisson de papier sulfurisé. Posez un emporte-pièce de 5 cm de diamètre sur une plaque et saupoudrez 1 belle cuillerée à café de parmesan râpé à l'intérieur pour former un disque.

Soulevez délicatement l'emporte-pièce et répétez l'opération avec le reste du fromage, en espaçant les disques de 5 mm.

Faites cuire 8 minutes au four préchauffé à 160 °C jusqu'à ce que les tuiles soient bien dorées. Décollez-les avec une spatule et laissez-les refroidir sur une grille.

Conservez les tuiles de parmesan dans une boîte hermétique.

scones au parmesan

Prêt en **20 minutes**

Mélangez 225 g de farine, 1 sachet de levure, 40 g de beurre et 20 g de parmesan râpé au robot jusqu'à obtenir un mélange sableux. Incorporez 150 ml de lait et mélangez au robot pour obtenir une pâte. Posez-la sur un plan de travail fariné et étalez-la délicatement sur une épaisseur de 2 cm. Découpez 8 scones avec un emporte-pièce de 6 cm de diamètre. Posez-les sur une plaque de cuisson, saupoudrez-les de 10 g de parmesan râpé et faites-les cuire 12 à 15 minutes au four préchauffé à 220 °C.

soupe de fèves à la menthe

Pour **4 personnes**
Prêt en **20 minutes**

550 g de **fèves** surgelées, décongelées
2 c. à s. d'**huile d'olive**
2 **échalotes** pelées et coupées en dés
1 grosse **carotte** épluchée et coupée en dés
1 bâton de **céleri** coupé en dés
900 ml de **bouillon de légumes**
½ c. à s. de feuilles de **menthe** ciselées
sel et **poivre**
4 c. à s. de **crème entière épaisse** pour servir

Plongez les fèves dans une casserole d'eau bouillante 3 à 4 minutes puis passez-les sous l'eau froide pour les refroidir. Pelez-les.

Faites chauffer l'huile d'olive dans une casserole et faites-y revenir les échalotes, la carotte et le céleri pendant 5 à 6 minutes. Ajoutez les fèves.

Versez le bouillon de légumes, portez à ébullition puis laissez frémir 8 à 10 minutes.

Ajoutez la menthe et mixez la soupe avec un mixeur plongeant ou au blender pour qu'elle soit onctueuse. Salez et poivrez, puis décorez d'une spirale de crème avant de servir.

salade de fèves et petits pois à la menthe

Prêt en **30 minutes**

Plongez 300 g de fèves et 200 g de petits pois dans une casserole d'eau bouillante 3 à 4 minutes puis passez-les sous l'eau froide. Pelez les fèves. Faites chauffer 2 c. à s. d'huile d'olive vierge extra et faites-y sauter 2 poignées de cubes de pain, 2 gousses d'ail pilées et 2 c. à c. de feuilles de basilic ciselées jusqu'à ce que les croûtons soient dorés. Égouttez-les sur du papier absorbant. Faites chauffer une poêle-gril et faites-y cuire 250 g de tranches de haloumi des 2 côtés. Fouettez 3 c. à s. d'huile d'olive vierge extra, 1 c. à s. de vinaigre balsamique, 1 c. à c. de moutarde à l'ancienne et ½ c. à c. de miel dans un bol. Mélangez les fèves et les petits pois avec 2 c. à s. de feuilles de menthe ciselées, 50 g de roquette et les croûtons. Ajoutez le haloumi grillé et assaisonnez de vinaigrette.

soupe de pois chiches aux châtaignes

Pour **4 personnes**
Prêt en **20 minutes**

1 c. à s. d'**huile d'olive**
2 bâtons de **céleri** coupés en dés
2 **gousses d'ail** hachées
1 **piment rouge** épépiné et haché
1 c. à c. de **romarin** haché
400 g de **tomates concassées** en conserve
400 g de **châtaignes** sous vide
400 g de **pois chiches** en conserve, rincés et égouttés
400 ml de **bouillon de légumes** chaud
sel et poivre

Pour servir
2 c. à s. d'**huile d'olive**
2 c. à s. de **parmesan** râpé

Faites chauffer l'huile d'olive dans une casserole et faites-y revenir le céleri, l'ail, le piment et le romarin pendant 2 à 3 minutes.

Ajoutez les tomates, les châtaignes et les pois chiches, versez le bouillon de légumes et laissez frémir 8 à 10 minutes.

Prélevez un tiers de la soupe et mixez-la avec un mixeur plongeant ou au blender. Remettez-la dans la casserole, ajoutez un filet d'huile d'olive et du parmesan râpé puis servez.

salade de pois chiches, châtaignes et feta

Prêt en **10 minutes**

Égouttez et rincez 400 g de pois chiches et mélangez-les avec ½ piment rouge haché, 2 sucrines émincées, 100 g de tomates cerises coupées en quatre, 50 g de châtaignes sous vide coupées en morceaux, 1 poivron rouge épépiné et coupé en dés et 200 g de feta. Assaisonnez de 2 à 3 c. à s. de vinaigrette à l'italienne et servez avec du pain croustillant.

aubergines au parmesan

Pour **4 personnes**
Prêt en **30 minutes**

3 c. à s. d'**huile d'olive**
2 **aubergines** coupées en rondelles
1 **oignon** émincé
2 **gousses d'ail** pilées
400 g de **tomates concassées** en conserve
1 c. à c. d'**origan** haché
200 g de **mozzarella** râpée
2 **tomates cœur-de-bœuf** coupées en fines rondelles
6 c. à s. de **parmesan** râpé

Faites chauffer 2 cuillerées à soupe d'huile d'olive dans une poêle et faites cuire les aubergines jusqu'à ce qu'elles soient dorées (procédez en plusieurs tournées).

Faites chauffer le reste de l'huile d'olive dans la poêle et faites-y revenir l'oignon et l'ail pendant 3 à 4 minutes. Ajoutez les tomates concassées et l'origan.

Disposez les aubergines, la mozzarella et les tomates cœur-de-bœuf dans un plat à gratin, en les intercalant. Arrosez de sauce tomate et parsemez de parmesan râpé. Faites cuire les aubergines 15 à 18 minutes au four préchauffé à 220 °C. Servez tiède.

rouleaux d'aubergine à la ricotta

Prêt en **20 minutes**

Faites chauffer une poêle-gril. Quand elle est bien chaude, faites-y griller les tranches de 2 aubergines coupées dans la longueur 2 à 3 minutes de chaque côté. Mélangez 150 g de ricotta avec 150 g de mozzarella hachée, 2 c. à c. de basilic haché et 2 oignons verts émincés. Posez 1 c. à c. de cette préparation à l'extrémité de chaque tranche d'aubergine et roulez-les puis posez-les dans un plat à gratin. Versez 300 g de sauce tomate prête à l'emploi par-dessus et faites cuire 12 à 15 minutes au four préchauffé à 190 °C, jusqu'à ce que le fromage commence à fondre. Servez avec une salade de roquette.

pizzas, pasta & risottos

pizzas express aux artichauts et au salami

Pour **4 personnes**
Prêt en **30 minutes**

4 **tortillas de blé**
400 g de **passata**
250 g de **salami** coupé en rondelles
400 g de **cœurs d'artichaut** en conserve, égouttés et coupés en tranches
6 **oignons verts** émincés
1 c. à c. d'**origan** séché
225 g de **mozzarella** râpée

Posez les tortillas sur 2 plaques de cuisson et faites-les chauffer 2 minutes au four préchauffé à 220 °C.

Sortez-les du four, nappez-les de passata et garnissez chacune avec du salami, des cœurs d'artichaut, des oignons verts, de l'origan et de la mozzarella.

Faites cuire les pizzas 3 à 5 minutes au four jusqu'à ce que les bords des tortillas soient légèrement colorés et la mozzarella fondue.

orechiette aux artichauts et au salami

Prêt en **20 minutes**

Faites cuire 400 g d'orechiette à l'eau bouillante en suivant les indications du paquet. Faites revenir 100 g de salami coupé en lamelles dans 1 c. à s. d'huile d'olive pendant 1 à 2 minutes. Ajoutez 400 g de tomates concassées en conserve, 125 ml de bouillon de légumes et 400 g de cœurs d'artichaut en conserve, égouttés et coupés en deux. Laissez frémir 5 à 6 minutes. Égouttez les pâtes, ajoutez-les à la sauce. Saupoudrez de parmesan râpé et servez.

gnocchis de pommes de terre

Pour **4 personnes**
Prêt en **30 minutes**

800 g de **pommes de terre farineuses** épluchées et coupées en cubes
1 **jaune d'œuf** battu
150 g de **farine**
15 g de feuilles de **basilic** finement ciselées
50 g de **parmesan** râpé
4 c. à s. d'**huile d'olive vierge extra**
sel et **poivre**

Faites cuire les pommes de terre à l'eau bouillante 12 à 15 minutes. Égouttez-les et écrasez-les en purée à la fourchette ou au presse-purée. Portez une autre casserole d'eau à ébullition.

Transférez la purée dans un bol avec le jaune d'œuf, la farine et le basilic. Mélangez bien.

Prélevez 1 cuillerée à café de préparation et roulez-la à la main pour former une boule de la taille d'une noix. Pressez-la avec les dents d'une fourchette pour former un gnocchi. Répétez cette opération avec le reste de la préparation.

Plongez les gnocchis dans l'eau bouillante 1 à 2 minutes : ils remontent à la surface lorsqu'ils sont cuits. Roulez les gnocchis chauds dans le parmesan râpé et l'huile d'olive, puis servez.

gnocchis à la sauce tomate

Prêt en **10 minutes**

Faites revenir 2 échalotes coupées en dés et 2 gousses d'ail pilées dans 1 c. à s. d'huile d'olive pendant 1 à 2 minutes. Ajoutez 400 g de tomates coupées en dés, 1 pincée de flocons de piment séché, 2 c. à c. de feuilles de thym et 2 c. à s. de vin blanc. Laissez mijoter 5 à 6 minutes. Faites cuire 800 g de gnocchis à l'eau bouillante pendant 2 minutes. Égouttez-les et incorporez-les à la sauce tomate. Garnissez de copeaux de parmesan puis servez.

spaghettis à la carbonara

Pour **4 personnes**
Prêt en **30 minutes**

400 g de **spaghettis**
25 g de **beurre**
3 **gousses d'ail** émincées
2 **échalotes** coupées en petits dés
8 tranches de **lard fumé** coupées en dés
4 **œufs**
200 ml de **crème liquide** entière
40 g de **parmesan** râpé

Faites cuire les spaghettis à l'eau bouillante en suivant les indications du paquet.

Faites chauffer le beurre dans une grande poêle et faites-y revenir l'ail, les échalotes et le lard fumé pendant 5 à 7 minutes.

Fouettez les œufs, la crème et la moitié du parmesan râpé. Transférez les spaghettis cuits dans la poêle à l'aide de pinces (il peut y avoir un peu d'eau de cuisson avec les pâtes).

Ajoutez les œufs battus et mélangez pour enrober les spaghettis, en ajoutant un peu d'eau de cuisson si nécessaire. Saupoudrez le reste du parmesan puis servez.

spaghettis au lard fumé et aux œufs

Prêt en **10 minutes**

Faites cuire 400 g de spaghettis à l'eau bouillante pendant 7 à 8 minutes ou selon les indications du paquet. Faites chauffer 1 c. à s. d'huile d'olive dans une poêle et faites cuire 8 tranches de lard fumé pour qu'elles soient croustillantes. Fouettez 4 œufs, 200 ml de crème liquide entière et 40 g de parmesan râpé dans un bol. Égouttez les pâtes, remettez-les dans la casserole et ajoutez les œufs battus et le lard. Mélangez pour bien enrober les spaghettis. Salez, poivrez, saupoudrez de parmesan râpé et servez.

risotto aux champignons

Pour **4 personnes**
Prêt en **30 minutes**

10 g de **cèpes séchés**
200 ml d'**eau bouillante**
1 c. à s. d'**huile d'olive**
2 **échalotes** coupées en dés
350 g de **riz arborio**
150 ml de **vin blanc**
600 ml de **bouillon de légumes** chaud
175 g de **champignons bruns de Paris**
1 c. à c. de feuilles de **thym** hachées
sel et **poivre**
2 c. à s. de **parmesan** râpé pour servir

Mettez les cèpes séchés dans un bol et couvrez-les d'eau bouillante. Laissez-les réhydrater 15 minutes.

Faites chauffer l'huile d'olive dans une casserole et faites-y revenir les échalotes 2 à 3 minutes. Ajoutez le riz et mélangez jusqu'à ce que les grains deviennent translucides. Versez le vin, faites cuire 1 à 2 minutes à feu vif et mélangez jusqu'à ce qu'il soit absorbé.

Ajoutez 1 louchée de bouillon chaud, baissez le feu et continuez à mélanger jusqu'à ce qu'il soit totalement absorbé. Répétez l'opération avec le reste du bouillon, en ajoutant 1 louchée à la fois.

Égouttez les cèpes et réservez le liquide. Hachez-les grossièrement et ajoutez-les au riz avec les champignons frais et 1 louchée de liquide de trempage des cèpes.

Mélangez et ajoutez du liquide, si besoin, jusqu'à ce que le riz soit al dente. Ajoutez le thym, salez et poivrez. Saupoudrez de parmesan râpé puis servez.

soupe au riz et aux champignons

Prêt en **20 minutes**

Faites sauter 2 poireaux hachés et 2 gousses d'ail émincées dans 2 c. à s. d'huile d'olive 4 à 5 minutes. Ajoutez 300 g de champignons de Paris hachés, 50 g de riz long grain et 2 c. à c. de feuilles de thym, et poursuivez la cuisson 2 à 3 minutes. Versez 1,2 litre de bouillon de légumes chaud et laissez frémir 5 minutes. Mixez la soupe avec un mixeur plongeant ou au blender. Salez, poivrez et servez avec du pain croustillant.

pizzas florentines

Pour **4 personnes**
Prêt en **20 minutes**

2 grandes **pâtes à pizza** du commerce
500 g de **passata**
2 c. à s. d'**huile d'olive**
2 **gousses d'ail** émincées
1 **oignon rouge** émincé
500 g d'**épinards**
4 **œufs**
2 c. à s. de **pignons de pin**
200 g de **mozzarella** râpée
poivre

Posez les pâtes à pizza sur 2 plaques de cuisson et nappez chacune de passata.

Faites chauffer l'huile d'olive dans une grande poêle et faites-y revenir l'ail et l'oignon pendant 2 à 3 minutes, puis ajoutez les épinards et mélangez jusqu'à ce qu'ils soient flétris.

Étalez les épinards sur la passata et formez 2 petits creux sur la garniture de chaque pizza. Cassez les œufs dans les creux.

Garnissez chaque pizza de pignons et de mozzarella. Poivrez. Faites cuire les pizzas 12 à 15 minutes au four préchauffé à 200 °C : les œufs doivent être cuits. Coupez les pizzas en deux et servez-les sans attendre.

pizzas aux épinards sur pain pita

Prêt en **10 minutes**

Pochez 4 œufs. Faites chauffer 4 pains pitas complets sous le gril préchauffé 1 à 2 minutes de chaque côté et nappez-les de 1 c. à s. de ketchup. Faites revenir 400 g d'épinards dans 1 c. à s. d'huile d'olive jusqu'à ce qu'ils se flétrissent. Répartissez-les sur les pitas. Ajoutez sur chacune 1 œuf poché, 1 c. à s. de pignons de pin et 1 c. à s. de mozzarella râpée. Faites dorer 3 à 4 minutes sous le gril pour faire fondre le fromage.

papardelles à la crème et aux asperges

Pour **4 personnes**
Prêt en **30 minutes**

450 g d'**asperges** parées, coupées en tronçons de 2,5 cm de long
400 g de **papardelles**
1 c. à s. d'**huile d'olive**
1 **oignon** coupé en dés
2 **gousses d'ail** pilées
300 ml de **crème liquide** entière
¼ de c. à c. de **noix de muscade** râpée
2 c. à s. de **basilic** haché
2 c. à s. de **persil** haché
2 c. à s. de **ciboulette** hachée
2 c. à s. de **parmesan** râpé pour servir

Plongez les asperges dans l'eau bouillante 3 à 4 minutes. Égouttez-les et réservez-les au chaud.

Faites cuire les papardelles à l'eau bouillante en suivant les indications du paquet.

Faites chauffer l'huile d'olive dans une poêle et faites-y revenir l'oignon et l'ail 4 à 5 minutes. Ajoutez la crème et laissez frémir 6 à 8 minutes pour qu'elle réduise et épaississe un peu. Incorporez la noix de muscade râpée.

Égouttez les pâtes et ajoutez-les à la sauce avec les asperges et les herbes. Mélangez délicatement. Saupoudrez de parmesan râpé puis servez.

salade de pâtes aux asperges

Prêt en **10 minutes**

Faites cuire 200 g de penne frais en suivant les indications de l'emballage. Passez-les sous l'eau froide. Faites cuire 350 g d'asperges coupées en deux à la vapeur, égouttez-les, passez-les sous l'eau froide. Mélangez les pâtes et les asperges dans un saladier avec 100 g de tomates cerises coupées en morceaux, 125 g de poivrons rouges grillés en bocal, égouttés et coupés en lamelles, 100 g de mozzarella coupée en morceaux, 1 c. à s. de feuilles de basilic hachées et de la vinaigrette à l'italienne.

linguine au crabe

Pour **4 personnes**
Prêt en **20 minutes**

450 g de **linguine**
125 ml d'**huile d'olive**
2 **gousses d'ail** pilées
1 **piment rouge** épépiné et finement haché
le **zeste** et le **jus** de 1 **citron**
250 g de **chair de crabe**
2 c. à s. de **persil** haché

Faites cuire les linguine à l'eau bouillante en suivant les indications du paquet.

Dans une autre casserole, faites chauffer l'huile d'olive et faites-y revenir l'ail, le piment et le zeste de citron, à feu doux, pendant 3 à 4 minutes.

Égouttez les pâtes et transférez-les dans la casserole avec le jus de citron, la chair de crabe et le persil haché. Mélangez délicatement pour réchauffer la chair de crabe puis servez.

tarte au crabe

Prêt en **30 minutes**

Fouettez 4 œufs avec 125 ml de crème liquide entière dans un bol. Ajoutez 225 g de chair de crabe, ½ piment rouge haché, 4 oignons verts hachés, 1 poivron rouge épépiné et coupé en fines lamelles, 1 c. à s. de persil haché et 25 g de parmesan râpé. Foncez un moule de 23 cm de diamètre avec une pâte brisée du commerce, versez la garniture et saupoudrez 25 g de parmesan râpé. Faites cuire 22 à 25 minutes au four préchauffé à 200 °C.

pizzas tricolores sur pain pita

Pour **4 personnes**
Prêt en **10 minutes**

4 **pains pitas**
1 c. à s. d'**huile d'olive**
350 g d'**épinards**
4 c. à s. de **ketchup**
2 **poivrons jaunes** épépinés et coupés en fines lamelles
250 g de **poivrons rouges grillés** en bocal, égouttés et coupés en fines lamelles
250 g de **mozzarella** râpée

Faites cuire les pitas 1 à 2 minutes sous le gril préchauffé. Quand elles sont chaudes, ouvrez-les à l'aide d'un couteau.

Faites chauffer l'huile d'olive dans une poêle et ajoutez les épinards. Faites-les cuire 1 à 2 minutes jusqu'à ce qu'ils se flétrissent.

Étalez 1 cuillerée à soupe de ketchup sur chaque pita. Ajoutez les épinards, les poivrons jaunes et rouges puis la mozzarella. Faites cuire 4 à 5 minutes sous le gril du four jusqu'à ce que la mozzarella soit fondue et dorée.

frittata tricolore

Prêt en **30 minutes**

Faites chauffer 2 c. à s. d'huile d'olive dans une poêle et faites-y revenir 1 oignon rouge émincé, 1 poivron rouge et 1 poivron jaune, épépinés et coupés en lamelles, et 2 gousses d'ail pilées pendant 3 à 4 minutes jusqu'à ce qu'ils soient tendres. Ajoutez 200 g de pousses d'épinard et mélangez jusqu'à ce qu'ils se flétrissent. Fouettez 7 œufs avec 1 c. à s. de lait, salez, poivrez et versez dans la poêle. Faites tourner la poêle pour que la préparation s'étale bien. Faites cuire 20 minutes environ, à feu doux, jusqu'à ce que la base ait pris (soulevez les bords avec une spatule pour vérifier), puis faites dorer sous le gril du four bien chaud. Démoulez sur une planche, coupez en quatre puis servez.

orechiette au brocoli et au piment

Pour **4 personnes**
Prêt en **20 minutes**

350 g de **brocoli** détaillé en bouquets
300 g d'**orechiette**
4 c. à s. d'**huile d'olive**
3 **échalotes** coupées en dés
4 **gousses d'ail** émincées
1 c. à c. de **piment séché**
2 c. à s. de **persil** haché
2 c. à s. de copeaux de **parmesan** pour servir

Faites cuire le brocoli à la vapeur 4 à 5 minutes. Égouttez-le. Faites cuire les orechiette à l'eau bouillante 11 à 13 minutes.

Faites chauffer 2 cuillerées à soupe d'huile d'olive dans une poêle et faites-y revenir les échalotes avec l'ail et le piment séché pendant 3 à 4 minutes. Ajoutez le brocoli et mélangez pour l'enrober d'huile.

Égouttez les pâtes et transférez-les dans la poêle avec le reste de l'huile et le persil haché. Mélangez bien. Garnissez de copeaux de parmesan puis servez.

gratin de pâtes au thon et au brocoli

Prêt en **10 minutes**

Faites cuire 200 g de penne. Faites cuire 300 g de bouquets de brocoli à la vapeur pendant 4 à 5 minutes. Égouttez les penne et le brocoli puis mélangez-les dans un plat à gratin avec 4 tomates coupées et 400 g de thon en conserve, égoutté. Recouvrez avec 350 ml de sauce au fromage du commerce ou à la béchamel réchauffée puis saupoudrez 4 c. à s. de chapelure fraîche et 2 c. à s. de parmesan râpé. Faites gratiner 3 à 4 minutes sous le gril préchauffé. Servez avec une salade verte croquante.

spaghettis bolognaise et tomates cerises

Pour **4 personnes**
Prêt en **30 minutes**

1 c. à s. d'**huile d'olive**
2 tranches de **lard fumé**, hachées
1 gros **oignon** haché
2 **gousses d'ail** pilées
500 g de **bœuf haché**
150 ml de **vin rouge**
400 g de **tomates concassées** en conserve
½ c. à c. d'**origan** séché
400 g de **spaghettis**
4 petites grappes de **tomates cerises**
4 c. à s. de **parmesan** râpé pour servir

Faites chauffer l'huile d'olive dans une poêle et faites-y dorer le lard. Ajoutez l'oignon et l'ail et faites cuire 2 à 3 minutes jusqu'à ce que l'oignon soit tendre. Augmentez le feu, ajoutez le bœuf et faites-le colorer. Versez le vin et laissez bouillir pour qu'il réduise de moitié, puis ajoutez les tomates et l'origan. Laissez mijoter 20 à 22 minutes.

Faites cuire les spaghettis à l'eau bouillante en suivant les indications du paquet.

Faites chauffer une poêle-gril et faites-y griller les tomates 3 à 4 minutes.

Égouttez les pâtes et dressez-les dans 4 assiettes creuses. Garnissez de sauce bolognaise, de 1 grappe de tomates grillées et saupoudrez de parmesan râpé.

pizzas à la bolognaise et à la tomate

Prêt en **20 minutes**

Dans une casserole, faites colorer 1 oignon haché et 500 g de bœuf haché dans 1 c. à s. d'huile d'olive pendant 4 à 5 minutes. Ajoutez 250 g de sauce tomate pour pâtes du commerce et laissez mijoter 3 à 4 minutes. Garnissez 4 pâtes à pizza de sauce, ajoutez 2 tomates coupées en rondelles, 4 c. à s. de mozzarella râpée et faites cuire 10 à 11 minutes au four préchauffé à 220 °C.

risotto aux petits pois et à la menthe

Pour **4 personnes**
Prêt en **30 minutes**

1 c. à s. d'**huile d'olive**
2 **échalotes** coupées en petits dés
400 g de **riz arborio**
100 ml de **vin blanc**
900 ml de **bouillon de légumes** chaud, environ
100 g de **petits pois** frais ou surgelés, décongelés
1 petite poignée de feuilles de **menthe** hachées
40 g de **beurre**
40 g de **parmesan** râpé
sel et **poivre**

Faites chauffer l'huile d'olive dans une casserole et faites-y revenir les échalotes 2 à 3 minutes. Ajoutez le riz et mélangez jusqu'à ce que les grains deviennent translucides. Versez le vin et faites cuire 1 à 2 minutes jusqu'à ce qu'il soit absorbé.

Ajoutez 1 louchée de bouillon de légumes chaud, baissez le feu et continuez à mélanger jusqu'à ce qu'il soit absorbé. Répétez l'opération avec le reste du bouillon, louchée par louchée, jusqu'à ce que le riz soit al dente.

Ajoutez les petits pois, la menthe, le beurre et la moitié du parmesan. Salez, poivrez et poursuivez la cuisson 2 à 3 minutes. Saupoudrez le reste du parmesan puis servez.

soupe aux petits pois, au riz et à la menthe

Prêt en **20 minutes**

Faites chauffer 2 c. à s. d'huile d'olive dans une grande casserole et faites-y revenir 2 échalotes hachées et 1 bâton de céleri coupé en dés pendant 4 à 5 minutes. Ajoutez 600 ml de bouillon de légumes puis, quand il frémit, 400 g de petits pois frais ou surgelés. Faites cuire 10 minutes environ pour que les petits pois soient tendres. Ajoutez 2 c. à s. de feuilles de menthe ciselées. Mixez la soupe avec un mixeur plongeant ou au blender. Ajoutez 125 g de riz à risotto cuit (restes ou prêt à l'emploi), salez et poivrez. Servez la soupe bien chaude avec une spirale de crème entière ou de yaourt nature et 2 c. à c. de feuilles de menthe hachées.

penne al arrabbiata

Pour **4 personnes**
Prêt en **20 minutes**

4 c. à s. d'**huile d'olive**
2 **piments rouges** émincés
2 **gousses d'ail** hachées
600 g de **tomates** concassées en conserve
6 à 8 feuilles de **basilic** ciselées
400 g de **penne**
sel et **poivre**
25 g de **parmesan** finement râpé pour servir

Faites chauffer l'huile d'olive dans une grande poêle et faites revenir les piments rouges et l'ail 2 à 3 minutes. Ajoutez les tomates concassées et le basilic, et laissez mijoter 12 minutes. Salez et poivrez.

Faites cuire les penne à l'eau bouillante en suivant les indications du paquet. Égouttez-les et ajoutez-les à la sauce tomate. Mélangez bien. Saupoudrez de parmesan râpé puis servez.

tarte aux tomates et aux piments

Prêt en **30 minutes**

Déroulez 1 pâte feuilletée de 300 g sur un plan de travail fariné, étalez-la pour former un carré de 25 cm de côté. Posez-le sur une plaque de cuisson et tracez un carré à l'intérieur à 2,5 cm du bord. Faites dorer la pâte 10 minutes au four préchauffé à 200 °C. Coupez 600 g de tomates olivettes en rondelles et disposez-les dans le carré central. Saupoudrez ½ c. à c. de piment séché, 1 c. à s. d'olives noires hachées et 1 c. à s. de parmesan râpé. Faites cuire 10 à 12 minutes puis servez avec des haricots verts et des courgettes cuits à la vapeur.

fettucine au dolcelatte et aux épinards

Pour **4 personnes**
Prêt en **20 minutes**

400 g de **fettucine**
1 c. à s. d'**huile d'olive**
1 **oignon** haché
2 **gousses d'ail** pilées
300 ml de **crème liquide** entière
125 g de **dolcelatte** ou de **gorgonzola**
150 g de **pousses d'épinard**
sel et **poivre**

Faites cuire les fettucine à l'eau bouillante en suivant les indications du paquet.

Faites chauffer l'huile d'olive dans une poêle et faites-y revenir l'oignon et l'ail 4 à 5 minutes. Ajoutez la crème et laissez frémir 5 à 6 minutes jusqu'à ce qu'elle épaississe un peu.

Ajoutez le dolcelatte et les épinards, et mélangez pendant 1 minute. Égouttez les pâtes et ajoutez-les à la garniture. Salez, poivrez et mélangez délicatement, puis servez dans des assiettes creuses, chaudes.

pizzas au dolcelatte et aux épinards

Prêt en **10 minutes**

Faites dorer 4 pains pitas complets sous le gril préchauffé 1 à 2 minutes de chaque côté. Étalez 1 c. à s. de ketchup sur chacun. Faites revenir 400 g d'épinards dans 1 c. à s. d'huile d'olive jusqu'à ce qu'ils se flétrissent. Répartissez-les sur les pitas. Ajoutez 40 g de dolcelatte ou de gorgonzola émietté et 1 c. à s. de pignons de pin sur chacun. Faites cuire 3 à 4 minutes sous le gril jusqu'à ce que le fromage soit fondu. Garnissez de 1 petite poignée de roquette puis servez.

risotto au safran

Pour **4 personnes**
Prêt en **30 minutes**

2 c. à s. d'**huile d'olive**
1 **oignon** coupé en dés
300 g de **riz arborio**
200 ml de **vin blanc**
750 ml de **bouillon de poulet** chaud
2 pincées de **filaments de safran**
25 g de **beurre**
40 g de **parmesan** râpé

Faites chauffer l'huile d'olive dans une casserole et faites-y revenir l'oignon 3 à 5 minutes. Ajoutez le riz et mélangez. Versez le vin et faites cuire 1 à 2 minutes jusqu'à ce qu'il soit absorbé.

Ajoutez 1 louchée de bouillon chaud et le safran puis mélangez jusqu'à ce que le bouillon soit absorbé. Répétez l'opération avec le reste du bouillon, louchée par louchée, jusqu'à ce que le riz soit al dente.

Hors du feu, ajoutez le beurre et la moitié du parmesan râpé puis mélangez. Saupoudrez le reste du parmesan puis servez.

œufs brouillés au safran

Prêt en **20 minutes**

Faites chauffer 200 ml de lait dans une casserole avec 1 belle pincée de filaments de safran. Couvrez et laissez infuser 4 minutes. Fouettez 8 gros œufs, salez, poivrez et ajoutez le lait au safran. Faites chauffer 25 g de beurre dans une poêle antiadhésive et versez les œufs. Laissez prendre 20 secondes puis mélangez avec une cuillère en bois. Poursuivez la cuisson des œufs en les remuant délicatement. Laissez reposer 2 minutes. Faites dorer 8 tranches de ciabatta des 2 côtés. Garnissez-les d'œufs brouillés et servez.

penne à la sauce aux noix

Pour **4 personnes**
Prêt en **20 minutes**

2 c. à s. d'**huile d'olive**
3 **échalotes** coupées en dés
150 g de **noix** concassées
350 g de **penne**
2 c. à s. de **mascarpone**
3 c. à s. de **yaourt nature**
2 c. à s. de **persil** haché
poivre
30 g de **parmesan** râpé pour servir

Faites chauffer l'huile d'olive dans une poêle et faites-y revenir les échalotes 2 à 3 minutes.

Mixez la moitié des noix au hachoir ou au robot jusqu'à obtenir une poudre fine. Ajoutez le reste des noix dans la poêle et faites revenir 5 à 6 minutes.

Faites cuire les penne à l'eau bouillante en suivant les indications du paquet.

Incorporez à la sauce la poudre de noix, le mascarpone et le yaourt. Ajoutez le persil haché et laissez mijoter quelques minutes.

Égouttez les pâtes et réservez 2 cuillerées à soupe de liquide de cuisson. Versez les pâtes et le liquide de cuisson dans la sauce et mélangez délicatement. Poivrez. Saupoudrez de parmesan râpé puis servez.

penne au pesto de noix

Prêt en **10 minutes**

Faites cuire 400 g de penne en suivant les indications du paquet. Hachez finement 175 g de noix et 1 gousse d'ail pilée au robot ou au blender. Ajoutez 1 poignée de feuilles de basilic, 100 g de parmesan râpé, 2 c. à c. de jus de citron et 4 c. à s. d'huile d'olive, et mixez pour obtenir une pâte onctueuse. Si nécessaire, ajoutez un peu d'huile d'olive pour l'allonger. Égouttez les pâtes et servez-les avec le pesto de noix

risotto aux tomates

Pour **4 personnes**
Prêt en **20 minutes**

1 c. à s. d'**huile d'olive**
1 **oignon** coupé en dés
2 **gousses d'ail** pilées
100 g de **tomates olivettes**
200 ml de **sauce tomate** du commerce
300 ml de **bouillon de légumes** chaud
200 g de **riz arborio**
50 g de **tomates séchées** coupées en lamelles
2 c. à s. de feuilles de **basilic** ciselées
sel et **poivre**
40 g de **parmesan** râpé pour servir

Faites chauffer l'huile d'olive dans une casserole et faites-y revenir l'oignon et l'ail pendant 5 à 6 minutes.

Mettez les tomates dans un saladier et couvrez-les d'eau bouillante 30 secondes. Égouttez-les et passez-les sous l'eau froide. Pelez-les, épépinez-les et coupez-les en morceaux.

Faites chauffer la sauce tomate et le bouillon de légumes dans une petite casserole.

Versez le riz sur les dés d'oignon et mélangez pendant 1 à 2 minutes jusqu'à ce que les grains deviennent translucides. Ajoutez 1 louchée de bouillon à la sauce tomate et mélangez jusqu'à ce que le liquide soit absorbé. Répétez l'opération avec le reste du bouillon, louchée par louchée, jusqu'à ce que le riz soit al dente.

Ajoutez les tomates pelées, les tomates séchées et le basilic, salez et poivrez. Saupoudrez de parmesan râpé puis servez.

soupe de tomate au riz

Prêt en **20 minutes**

Faites sauter 1 oignon haché, 1 carotte coupée en dés, 1 bâton de céleri et 3 gousses d'ail hachées dans 3 c. à s. d'huile d'olive 3 à 4 minutes. Ajoutez ½ c. à c. de graines de fenouil, le zeste râpé de 1 orange, 2 c. à s. de purée de tomates, 400 g de tomates concassées en conserve, 300 ml de bouillon de légumes et 100 g de riz long grain. Salez, poivrez et laissez mijoter 13 à 14 minutes jusqu'à ce que le riz soit cuit. Décorez de 1 c. à s. de feuilles de basilic ciselées et servez.

polenta au maïs et aux épinards

Pour **4 personnes**
Prêt en **10 minutes**

1 c. à s. d'**huile d'olive** + un peu pour servir
4 **oignons verts** émincés
200 g de **maïs doux** en conserve
800 ml de **bouillon de légumes** chaud
200 g de **polenta** instantanée
1 belle poignée de **feuilles d'épinard**
125 g de **taleggio** coupé en dés
2 c. à s. de **parmesan** râpé
sel et **poivre**

Faites chauffer l'huile d'olive dans une casserole et faites-y revenir les oignons verts pendant 1 minute. Ajoutez le maïs puis le bouillon de légumes et portez à ébullition.

Versez la polenta en pluie et faites-la cuire 1 minute en remuant constamment jusqu'à épaississement.

Ajoutez les épinards et le fromage, salez, poivrez. Arrosez d'huile d'olive puis servez.

soupe de maïs aux pommes de terre

Prêt en **30 minutes**

Dans une casserole, faites revenir 1 oignon haché et 1 gousse d'ail pilée dans 2 c. à s. d'huile d'olive. Ajoutez 300 g de pommes de terre coupées en morceaux et faites cuire 3 à 4 minutes. Ajoutez 400 g de maïs doux surgelé, poursuivez la cuisson 2 minutes puis versez 1,2 litre de bouillon de légumes. Portez à ébullition et laissez mijoter 8 à 10 minutes jusqu'à ce que les pommes de terre soient tendres. Incorporez 100 ml de crème épaisse entière. Mixez la soupe avec un mixeur plongeant ou au blender. Salez, poivrez, garnissez de ciboulette hachée puis servez.

calzones au fromage et aux épinards

Pour 4 personnes
Prêt en **30 minutes**

500 g de **farine blanche** + un peu pour le plan de travail
1 sachet de 7 g de **levure de boulanger sèche**
1 pincée de **sel**
3 c. à s. d'**huile d'olive**
300 ml d'**eau tiède**
300 g d'**épinards**
400 g de **ricotta**
4 c. à s. de **parmesan** râpé
4 c. à s. de **pecorino** râpé
4 **oignons verts** émincés
1 c. à c. de **poivre noir** du moulin

Mélangez la farine, la levure et le sel dans un saladier. Faites un puits au centre. Incorporez 1 cuillerée à soupe d'huile d'olive et la plus grande partie de l'eau. Mélangez à la main, en ajoutant progressivement de l'eau si nécessaire pour obtenir une pâte molle, mais non collante.

Pétrissez la pâte sur le plan de travail fariné 5 à 10 minutes jusqu'à ce qu'elle soit lisse et élastique. Coupez-la en 4 morceaux et étalez-les en disques de 20 cm de diamètre.

Faites chauffer le reste de l'huile d'olive dans une grande poêle et faites-y revenir les épinards 2 à 3 minutes jusqu'à ce qu'ils soient flétris. Transférez-les dans un saladier et mélangez-les avec les ingrédients restants.

Répartissez la préparation sur les disques de pâte en plaçant la garniture sur une moitié du disque et en laissant un bord libre de 2,5 cm. Badigeonnez les bords libres avec un peu d'eau et repliez l'autre moitié de pâte sur la garniture, pincez les bords pour les sceller. Posez les calzones sur une plaque de cuisson et faites-les cuire au four préchauffé à 220 °C 6 à 8 minutes.

pitas fourrés au fromage et aux épinards

Prêt en **10 minutes**

Faites revenir 1 oignon rouge émincé pendant quelques minutes dans 1 c. à s. d'huile d'olive, ajoutez 250 g d'épinards et remuez jusqu'à ce qu'ils se flétrissent. Hors du feu, ajoutez 4 c. à s. de parmesan râpé et 200 g de mozzarella effilochée. Réchauffez 4 pains pitas et ouvrez-les. Garnissez-les avec la préparation et des tranches de salami.

spaghettis puttanesca

Pour **4 personnes**
Prêt en **20 minutes**

1 c. à s. d'**huile d'olive**
4 **gousses d'ail** émincées
800 g de **tomates concassées** en conserve
2 c. à s. de **câpres** hachées
4 **filets d'anchois** hachés
1 poignée d'**olives vertes** dénoyautées et émincées
1 c. à c. de **piment séché**
1 petite poignée de **persil** grossièrement haché
400 g de **spaghettis**

Faites chauffer l'huile d'olive dans une casserole et faites-y revenir l'ail pendant 1 minute, puis ajoutez les tomates, les câpres, les anchois, les olives et le piment séché. Laissez frémir 10 minutes jusqu'à ce que la sauce commence à épaissir. Incorporez le persil haché.

Faites cuire les spaghettis à l'eau bouillante en suivant les indications du paquet. Égouttez-les, mélangez-les à la sauce puis servez.

risotto express haricots verts et anchois

Prêt en **10 minutes**

Faites cuire 400 g de haricots verts parés à la vapeur pendant 6 à 7 minutes. Faites cuire 4 œufs pendant 4 minutes à l'eau bouillante puis passez-les sous l'eau froide. Écalez-les. Fouettez 3 c. à s. d'huile d'olive vierge extra, 1 c. à s. de vinaigre de xérès, 1 c. à c. de moutarde de Dijon et 1 pincée de sucre dans un bol. Réchauffez 400 g de risotto prêt à l'emploi en suivant les indications du paquet et servez-le dans 4 assiettes chaudes. Ajoutez dans chacune des haricots, 1 œuf mollet et 2 ou 3 filets d'anchois coupés en deux. Arrosez de sauce puis servez.

pizzas à la ratatouille

Pour **4 personnes**
Prêt en **30 minutes**

2 c. à s. d'**huile d'olive**
1 **oignon rouge** haché
2 **gousses d'ail** pilées
1 grosse **aubergine** coupée en gros dés
3 **courgettes** coupées en deux dans la longueur et émincées
1 **poivron rouge** épépiné et coupé en morceaux
1 **poivron jaune** épépiné et coupé en morceaux
400 g de **tomates concassées** en conserve
4 **pâtes à pizza** du commerce
1 petite poignée de feuilles de **basilic** ciselées
200 g de **mozzarella** râpée

Faites chauffer l'huile d'olive dans une poêle et faites-y revenir l'oignon et l'ail 1 à 2 minutes. Ajoutez l'aubergine et poursuivez la cuisson 3 à 4 minutes, puis ajoutez les courgettes et les poivrons, et laissez cuire 4 à 5 minutes à feu doux. Ajoutez les tomates et laissez mijoter 2 à 3 minutes pour que les légumes commencent à devenir tendres.

Avec une écumoire, prélevez la préparation et répartissez-la sur les pâtes à pizza posées sur 2 plaques de cuisson. Garnissez de basilic et de mozzarella râpée et faites cuire 11 à 13 minutes au four préchauffé à 220 °C. Servez sans attendre.

salade de riz aux courgettes et à la feta

Prêt en **20 minutes**

Faites cuire 150 g de riz basmati à l'eau bouillante en suivant les indications de l'emballage et passez-le sous l'eau froide. Coupez 2 courgettes en rubans avec un couteau économe. Mélangez le riz, les courgettes, 4 oignons verts émincés, 1 piment rouge coupé en petits dés, 2 c. à s. d'aubergine marinée égouttée et hachée, 200 g de feta émiettée et 2 c. à s. de persil haché. Arrosez de 2 c. à s. d'huile d'olive et de 1 c. à s. de vinaigre blanc, mélangez délicatement puis servez.

polenta crémeuse aux champignons

Pour **4 personnes**
Prêt en **20 minutes**

1 petit **chou de Milan** émincé
1 c. à s. d'**huile d'olive**
125 g de **pancetta** coupée en dés
2 **échalotes** coupées en dés
2 **gousses d'ail** pilées
125 g de **champignons de Paris** émincés
400 ml d'**eau**
400 ml de **lait**
200 g de **polenta** instantanée
25 g de **beurre**
2 c. à c. de feuilles de **thym** hachées
100 g de **gorgonzola** émietté

Faites cuire le chou à la vapeur pendant 4 à 5 minutes et réservez-le au chaud.

Faites chauffer l'huile d'olive dans une casserole et faites-y revenir la pancetta 2 à 3 minutes. Ajoutez les échalotes et l'ail, et poursuivez la cuisson 3 à 4 minutes. Ajoutez les champignons et faites cuire 5 à 6 minutes.

Portez l'eau et le lait à ébullition dans une autre casserole. Versez la polenta en pluie et faites-la cuire 1 minute sans cesser de remuer jusqu'à épaississement. Incorporez le beurre et le thym.

Ajoutez le chou et le gorgonzola à la garniture aux champignons et faites fondre le fromage. Répartissez la polenta dans 4 assiettes et garnissez-la de légumes puis servez.

polenta aux champignons vite prête

Prêt en **10 minutes**

Dans une casserole, faites revenir 1 oignon coupé en dés, 2 gousses d'ail pilées et ¼ de c. à c. de piment séché dans 2 c. à s. d'huile d'olive 2 à 3 minutes. Ajoutez 75 g de champignons de Paris hachés et faites cuire 2 à 3 minutes. Versez 800 ml d'eau bouillante et 200 g de polenta instantanée. Faites cuire 1 à 2 minutes sans cesser de remuer. Incorporez 3 c. à s. de parmesan râpé, arrosez d'un filet d'huile d'olive et servez.

fusillis au cresson, raisins et pignons

Pour **4 personnes**
Prêt en **10 minutes**

400 g de **fusillis**
2 c. à s. d'**huile d'olive**
225 g de **cresson** grossièrement haché
50 g de **raisins secs**
60 g de **pignons de pin** grillés
le **zeste** râpé de 1 **citron**
copeaux de **parmesan** pour servir

Faites cuire les fusillis à l'eau bouillante en suivant les indications du paquet.

Faites chauffer l'huile d'olive dans une grande casserole et ajoutez le cresson. Mélangez jusqu'à ce qu'il soit flétri puis ajoutez les raisins secs.

Égouttez les pâtes et mélangez-les avec le cresson. Ajoutez les pignons, le zeste de citron et mélangez. Garnissez de copeaux de parmesan puis servez.

soupe de pommes de terre au cresson

Prêt en **30 minutes**

Dans une casserole, faites revenir 2 poireaux émincés, 2 pommes de terre coupées en cubes et 100 g de cresson dans 2 c. à s. d'huile d'olive. Couvrez et faites suer 10 minutes à feu doux, en mélangeant au milieu de la cuisson. Versez 900 ml de bouillon de légumes et laissez frémir 10 à 15 minutes jusqu'à ce que les pommes de terre soient tendres. Mixez la soupe, remettez-la dans la casserole, ajoutez 3 c. à s. de crème fraîche, salez, poivrez et réchauffez. Servez avec un peu de crème fraîche, décoré de 1 pousse de cresson.

pâtes au pepperoni

Pour **4 personnes**
Prêt en **30 minutes**

350 g de **pâtes torsades**
1 c. à s. d'**huile d'olive**
1 **oignon** haché
2 **poivrons rouges** épépinés et coupés en morceaux
350 g de **bœuf haché**
400 g de **tomates concassées** en conserve
100 ml de **vin rouge**
125 g de **pepperoni** coupé en rondelles
4 c. à s. de **parmesan** râpé

Faites cuire les pâtes dans une casserole d'eau bouillante en suivant les indications du paquet.

Faites chauffer l'huile d'olive dans une poêle et faites-y revenir l'oignon et les poivrons 4 à 5 minutes. Ajoutez le bœuf haché et faites-le colorer 3 à 4 minutes. Ajoutez les tomates concassées, le vin rouge et le pepperoni, portez à ébullition et laissez frémir 8 à 10 minutes.

Égouttez les pâtes et mélangez-les avec la sauce. Versez dans un plat à gratin et saupoudrez de parmesan râpé. Faites cuire 2 à 3 minutes sous un gril préchauffé jusqu'à ce que le fromage dore. Servez sans attendre.

pizzas au pepperoni

Prêt en **20 minutes**

Déroulez 4 pâtes à pizza prêtes à l'emploi sur 2 plaques de cuisson. Nappez chacune de 100 g de passata et garnissez-les de 1 tomate coupée en rondelles, de 75 g de rondelles de pepperoni et de 50 g de mozzarella râpée. Faites cuire 11 à 13 minutes au four préchauffé à 220 °C jusqu'à ce que la mozzarella soit fondue et dorée.

gnocchis au fromage, aux épinards et aux noix

Pour **4 personnes**
Prêt en **30 minutes**

1 c. à s. d'**huile d'olive**
250 g de **pousses d'épinard**
500 g de **gnocchis**
200 g de **crème fraîche**
½ c. à c. de **moutarde à l'ancienne**
75 g de **parmesan** râpé
25 g de **pecorino** râpé
25 g de **noix** concassées

Faites chauffer l'huile d'olive dans une poêle et faites-y cuire les épinards jusqu'à ce qu'ils se flétrissent.

Faites cuire les gnocchis à l'eau bouillante puis égouttez-les.

Mélangez la crème fraîche et la moutarde dans une casserole, ajoutez la moitié de chaque fromage et faites cuire 2 à 3 minutes, puis ajoutez les épinards et les gnocchis. Mélangez bien. Ajoutez les noix.

Versez dans un plat à gratin et saupoudrez avec le reste des fromages. Faites dorer 2 à 3 minutes sous un gril préchauffé puis servez.

omelette au fromage et aux épinards

Prêt en **10 minutes**

Fouettez 12 œufs dans un saladier, salez et poivrez. Faites chauffer 10 g de beurre et ½ c. à s. d'huile d'olive dans une poêle et versez-y ¼ des œufs. Remuez la poêle pour bien répartir la préparation. Quand la base est cuite, garnissez l'omelette de 1 petite poignée de pousses d'épinard et de 50 g de fontina râpé. Poursuivez la cuisson 1 à 2 minutes puis repliez l'omelette en deux avec une spatule et faites-la glisser sur une assiette chaude. Répétez l'opération avec le reste des œufs, des épinards et du fromage pour préparer 4 omelettes au total.

pizzas Margherita

Pour **4 personnes**
Prêt en **30 minutes**

1 kg de **farine blanche** + un peu pour le plan de travail
2 sachets de 7 g de l**evure de boulanger sèche**
1 pincée de **sel**
2 c. à s. d'**huile d'olive**
600 ml d'**eau tiède**
500 g de **passata**
6 **tomates olivettes** coupées en rondelles
450 g de **mozzarella** coupée en tranches

Mélangez la farine, la levure et le sel dans un saladier. Faites un puits au centre. Incorporez 1 cuillerée à soupe d'huile d'olive et la plus grande partie de l'eau. Mélangez à la main, en ajoutant progressivement de l'eau si nécessaire pour obtenir une pâte molle, mais non collante.

Pétrissez la pâte sur le plan de travail fariné 5 à 10 minutes jusqu'à ce qu'elle soit lisse et élastique. Divisez-la en 4 morceaux, étalez-les en disques de 30 cm de diamètre et posez-les sur des plaques de cuisson.

Nappez-les de passata et garnissez-les de rondelles de tomates et de mozzarella. Faites cuire les pizzas 6 à 7 minutes au four préchauffé à 220 °C. Servez sans attendre.

œufs cocotte aux épinards et aux tomates

Prêt en **20 minutes**

Faites cuire 400 g d'épinards à la vapeur puis égouttez-les bien. Faites revenir 3 tomates coupées en morceaux dans 1 c. à s. d'huile d'olive pendant 3 à 4 minutes. Incorporez 2 c. à s. de feuilles de basilic hachées, salez et poivrez. Ajoutez les épinards et faites cuire 1 à 2 minutes. Versez la préparation dans 4 ramequins et cassez 1 œuf dans chacun. Ajoutez une noisette de beurre et faites cuire 10 à 12 minutes au four préchauffé à 190 °C. Servez avec des toasts de ciabatta.

linguine aux petits pois et aux oignons verts

Pour **4 personnes**
Prêt en **20 minutes**

6 c. à s. d'**huile d'olive**
2 **gousses d'ail** hachées
1 belle poignée de **feuilles de menthe**
50 g de **pignons de pin** grillés
50 g de **parmesan** râpé
350 g de **linguine**
225 g de **petits pois** frais ou surgelés, décongelés
4 **oignons verts** émincés

Mixez l'huile d'olive, l'ail, la menthe, les pignons et le parmesan râpé au blender ou au robot pour obtenir une pâte onctueuse.

Faites cuire les linguine à l'eau bouillante en suivant les indications du paquet.

Faites cuire les petits pois à l'eau bouillante 3 à 4 minutes puis égouttez-les.

Égouttez les pâtes. Remettez-les dans la casserole et incorporez délicatement le pesto à la menthe, les petits pois et les oignons verts. Servez sans attendre.

tarte aux petits pois et à la menthe

Prêt en **30 minutes**

Faites griller 125 g de pancetta séchée dans une poêle, à sec, pour qu'elle soit croustillante. Ajoutez 2 échalotes finement hachées et poursuivez la cuisson 2 à 3 minutes. Étalez cette préparation sur une pâte brisée foncée dans un moule de 23 cm de diamètre. Fouettez 4 gros œufs avec 300 ml de crème épaisse entière. Ajoutez 225 g de petits pois surgelés décongelés, 2 c. à s. de feuilles de menthe hachées et 50 g de gruyère râpé. Versez sur le fond de tarte, saupoudrez 2 c. à s. de parmesan râpé et faites cuire 20 à 22 minutes au four préchauffé à 200 °C. Servez la tarte tiède ou froide avec une salade verte.

poissons & fruits de mer

calamars au beurre d'herbes

Pour **4 personnes**
Prêt en **10 minutes**

125 g de **beurre**
le **zeste** râpé et le **jus** de ½ **citron vert**
2 c. à s. de **feuilles de menthe** hachées
2 c. à s. de feuilles de **basilic** hachées
1 c. à s. d'**huile d'olive**
500 g d'**anneaux de calamar**

Mélangez le beurre, le zeste de citron vert, la menthe et le basilic dans un bol. Incorporez le jus de citron vert.

Faites chauffer l'huile d'olive dans une poêle et faites-y cuire les anneaux de calamar 1 à 2 minutes de chaque côté. Retirez-les de la poêle et placez-les dans un plat chaud.

Ajoutez le beurre aux herbes et mélangez délicatement. Servez sans attendre.

calamars croustillants

Prêt en **30 minutes**

Mélangez 200 g de farine, 1 c. à s. de poivre, 1 pincée de sel et 1 pincée de piment moulu dans un sac congélation. Secouez bien et ajoutez 500 g d'anneaux de calamar. Faites chauffer l'huile d'arachide dans une sauteuse ou une grande casserole jusqu'à 180-190 °C (un cube de pain dore en 30 secondes lorsqu'il est plongé dedans). Prenez quelques anneaux de calamar dans le sachet, secouez-les pour ôter l'excédent de farine. Faites-les frire dans l'huile pendant 3 à 4 minutes pour qu'ils soient croustillants. Retirez-les avec une écumoire et égouttez-les sur du papier absorbant. Répétez l'opération avec le reste des anneaux. Mélangez 2 gousses d'ail pilées et 5 c. à s. de mayonnaise dans un bol. Servez les calamars avec la mayonnaise à l'ail et des quartiers de citron.

espadon grillé et salsa verde

Pour **4 personnes**
Prêt en **20 minutes**

1 ½ c. à c. de **moutarde de Dijon**
450 ml d'**huile d'olive vierge extra**
4 **filets d'anchois** hachés
1 poignée de **persil**
1 poignée de **basilic**
1 poignée de **menthe**
1 poignée d'**estragon**
2 c. à s. de **câpres**
1 **gousse d'ail** pilée
2 c. à s. d'**huile d'olive**
4 steaks d'**espadon** de 150 g chacun
le **jus** de 1 **citron**
sel et **poivre**
salade verte croquante pour servir

Fouettez la moutarde avec 250 ml d'huile d'olive dans un bol pour les émulsionner. Incorporez les anchois.

Hachez les herbes avec les câpres et ajoutez-les à la préparation avec l'ail pilé. Incorporez progressivement le reste de l'huile d'olive vierge extra jusqu'à avoir la consistance souhaitée.

Faites chauffer une poêle-gril. Badigeonnez les steaks d'espadon d'huile d'olive des 2 côtés, salez et poivrez. Faites-les griller 2 à 3 minutes de chaque côté.

Incorporez le jus de citron à la salsa verde, garnissez-en le poisson et servez avec une salade verte croquante.

espadon et salsa verde vite prête

Prêt en **10 minutes**

Faites cuire 4 steaks d'espadon de 150 g chacun sous le gril préchauffé 2 à 3 minutes de chaque côté. Mettez 2 gousses d'ail, 1 petite poignée de câpres, 1 petite poignée de cornichons, 4 filets d'anchois, 2 belles poignées de persil, 1 poignée de feuilles de basilic, 1 poignée de feuilles de menthe, 1 c. à s. de moutarde, 3 c. à s. de vinaigre blanc, 8 c. à s. d'huile d'olive vierge extra, du sel et du poivre dans le bol d'un robot ou d'un blender. Mixez finement et servez avec les steaks.

moules farcies

Pour 4 personnes
Prêt en **30 minutes**

1 à 1,5 kg de grosses **moules** nettoyées (environ 48 moules)
60 g de **chapelure**
50 g de **noix** concassées
200 g de **beurre**
6 **gousses d'ail** hachées
le **jus** de 1 **citron**
2 c. à s. de **parmesan** râpé
2 c. à s. d'**estragon** haché
1 petite poignée de **persil** haché

Faites cuire les moules à couvert dans une grande casserole jusqu'à ce qu'elles s'ouvrent puis égouttez-les. Jetez toutes celles qui sont restées fermées. Ouvrez les moules, détachez les coquilles vides et posez les autres sur une plaque de cuisson.

Dans un robot, mixez la chapelure, les noix, le beurre, l'ail, le jus de citron et le parmesan râpé jusqu'à obtenir une pâte. Ajoutez les herbes et continuez à mixer.

Garnissez les moules de cette préparation en les recouvrant bien. Faites-les cuire 2 à 3 minutes sous un gril préchauffé jusqu'à ce que la garniture soit dorée. Vous aurez peut-être besoin d'utiliser plusieurs plaques de cuisson. Servez sans attendre.

linguine aux moules et aux tomates

Prêt en **20 minutes**

Faites cuire à l'étouffée 1 kg de moules avec 50 ml de vin blanc dans une grande casserole jusqu'à ce qu'elles s'ouvrent. Égouttez-les, réservez le liquide de cuisson et jetez les moules restées fermées. Faites chauffer 4 c. à s. d'huile d'olive dans une casserole et faites-y revenir 1 oignon finement haché, 4 gousses d'ail hachées et ¼ de c. à c. de piment séché. Ajoutez 450 g de tomates cerises coupées en deux et faites cuire 5 minutes. Faites cuire 400 g de linguine. Filtrez le liquide de cuisson et versez-le dans la casserole avec les tomates, ajoutez les moules, 2 c. à s. de persil haché et les pâtes égouttées. Mélangez bien, salez, poivrez puis servez.

maquereau, betteraves et pommes de terre

Pour **4 personnes**
Prêt en **30 minutes**

200 g de petites **pommes de terre nouvelles**
2 c. à s. d'**huile d'olive**
4 **oignons verts** émincés
4 petites **betteraves cuites** coupées en tranches épaisses
4 **filets de maquereau**
le **zeste** râpé et le **jus** de 1 **citron**
½ c. à c. de **poivre noir** du moulin
60 g de **cresson**
2 c. à s. de **câpres** grossièrement hachées
150 g de **yaourt nature**
4 quartiers de **citron** pour servir

Faites cuire les pommes de terre à l'eau bouillante. Égouttez-les et mélangez-les avec l'huile d'olive, les oignons verts et la betterave dans un saladier.

Posez les filets de maquereau sur une plaque de cuisson, peau vers le bas, arrosez-les de jus de citron et poivrez-les. Faites-les cuire sous le gril préchauffé 3 à 4 minutes de chaque côté.

Ajoutez le cresson dans le saladier. Mélangez les câpres, le zeste de citron et le yaourt dans un bol.

Répartissez la salade dans 4 assiettes, ajoutez 1 filet de maquereau grillé et 1 belle cuillerée de sauce au yaourt. Servez avec des quartiers de citron.

rillettes de maquereau et betterave râpée

Prêt en **10 minutes**

Mélangez 300 g de maquereau fumé sans la peau et effiloché, le jus de ½ citron, 150 g de cream cheese, 2 c. à c. de sauce au raifort et un peu de sel et de poivre. Servez ces rillettes sur des toasts de ciabatta et garnissez-les de la betterave crue râpée.

mijoté de poissons et fruits de mer

Pour **4 personnes**
Prêt en **30 minutes**

3 c. à s. d'**huile d'olive**
1 **oignon** finement haché
1 **bulbe de fenouil** finement haché
2 **gousses d'ail** émincées
1 c. à c. de **graines de fenouil**
400 g de **tomates concassées** en conserve
250 g de **palourdes** nettoyées
2 litres de **bouillon de poisson**
1 pincée de **filaments de safran**
250 g de grosses **crevettes** cuites
4 **filets de rouget** de 100 g chacun
400 g de **filets de lotte** coupés en morceaux
2 c. à s. de **persil** haché

Faites chauffer 2 cuillerées à soupe d'huile d'olive dans une casserole et faites-y revenir l'oignon, le fenouil, l'ail et les graines de fenouil 4 à 5 minutes. Ajoutez les tomates et laissez mijoter 12 à 14 minutes.

Faites chauffer le reste de l'huile d'olive dans une casserole et faites-y cuire les palourdes à l'étouffée 2 à 3 minutes jusqu'à ce qu'elles s'ouvrent. Jetez toutes celles qui restent fermées.

Ajoutez le bouillon de poisson et le safran à la préparation à base de tomates et portez à ébullition. Ajoutez les crevettes, le rouget, la lotte et laissez frémir 5 à 6 minutes jusqu'à ce que les poissons soient cuits et les crevettes roses. Ajoutez les palourdes cuites. Incorporez le persil haché et servez sans attendre.

spaghettis aux fruits de mer

Prêt en **20 minutes**

Faites cuire 300 g de spaghettis à l'eau bouillante en suivant les indications du paquet. Faites chauffer 1 c. à s. d'huile d'olive dans une poêle et faites-y revenir 1 oignon haché et 2 gousses d'ail pilées pendant 2 à 3 minutes. Ajoutez 1 c. à c. de paprika, 400 g de tomates concassées en conserve et 100 ml de bouillon de légumes. Portez à frémissement, ajoutez 225 g d'un mélange de fruits de mer prêt à l'emploi et faites cuire 3 à 4 minutes. Égouttez les pâtes et mélangez-les à la sauce. Décorez de 2 c. à s. de persil haché puis servez.

thon à la sauce aux tomates et aux câpres

Pour **4 personnes**
Prêt en **20 minutes**

4 c. à s. d'**huile d'olive**
600 g de **thon frais** coupé en cubes
1 gros **oignon** haché
3 **poivrons rouges** épépinés et coupés en rondelles
8 **câpres**
125 ml de **vin blanc**
400 g de **tomates concassées** en conserve
125 ml d'**eau**
2 c. à s. de feuilles de **basilic** hachées
8 tranches de **ciabatta**
quartiers de **citron** pour servir

Faites chauffer 2 cuillerées à soupe d'huile d'olive dans une poêle et faites-y dorer le thon de tous les côtés.

Ajoutez l'oignon, les poivrons rouges, les câpres et le vin blanc. Laissez frémir pour que le vin réduise de moitié, puis ajoutez les tomates et l'eau. Laissez mijoter 10 à 12 minutes. Incorporez le basilic.

Faites dorer les tranches de ciabatta des 2 côtés, disposez 2 tranches sur chaque assiette et ajoutez le thon et la sauce. Servez avec des quartiers de citron.

salade de riz au thon

Prêt en **30 minutes**

Faites cuire 200 g de riz basmati à l'eau bouillante en suivant les indications de l'emballage. Égouttez-le et passez-le sous l'eau froide puis mettez-le dans un saladier. Ajoutez 185 g de thon en conserve égoutté, 100 g de petits pois décongelés et blanchis, 2 poivrons rouges épépinés, coupés en dés, 1 poivron jaune épépiné, coupé en dés, 3 tomates coupées en morceaux, 4 oignons verts émincés, 2 c. à s. de persil haché et 50 g d'olives vertes coupées en rondelles. Ajoutez le jus de 1 citron et 3 c. à s. d'huile d'olive vierge extra, salez, poivrez puis mélangez.

salade de haricots aux crevettes

Pour **4 personnes**
Prêt en **20 minutes**

4 **tomates roma**
2 c. à s. d'**huile d'olive**
4 **oignons verts**
1 **piment rouge** épépiné et émincé
2 **gousses d'ail** émincées
6 à 8 feuilles de **basilic** ciselées
1 c. à s. de **vinaigre balsamique**
1 c. à c. de **sucre en poudre**
400 g de **haricots cannellini** en conserve, rincés et égouttés
225 g de grosses **crevettes** cuites, décortiquées
1 c. à s. de **persil** haché
1 **laitue romaine**
sel et **poivre**

Mettez les tomates dans un saladier et couvrez-les d'eau bouillante. Laissez reposer 1 minute puis égouttez-les et passez-les sous l'eau froide. Pelez-les puis coupez-les en dés. Mettez-les dans un saladier.

Faites chauffer l'huile d'olive dans une poêle et faites-y revenir les oignons verts, le piment et l'ail 2 à 3 minutes. Coupez le feu, ajoutez le basilic et laissez-le flétrir. Ajoutez le vinaigre balsamique et le sucre, et mélangez jusqu'à ce que le sucre soit dissous. Salez et poivrez.

Ajoutez les haricots cannellini égouttés, les crevettes et le persil haché aux tomates, versez la vinaigrette et mélangez.

Mettez quelques feuilles de laitue romaine dans chaque assiette et garnissez-les de salade.

haricots cannellini au thon

Prêt en **10 minutes**

Faites chauffer 3 c. à s. d'huile d'olive dans une poêle et faites-y revenir 1 oignon rouge finement haché et 2 gousses d'ail pilées. Ajoutez 400 g de haricots cannellini en conserve, rincés et égouttés. Faites cuire 2 à 3 minutes pour libérer les arômes puis retirez du feu et ajoutez 4 c. à s. de persil haché et 185 g de thon en conserve, égoutté. Salez, poivrez et servez.

cabillaud à la sauce tomate pimentée

Pour **4 personnes**
Prêt en **30 minutes**

2 c. à s. d'**huile d'olive**
1 **oignon** coupé en dés
2 **gousses d'ail** pilées
¼ de c. à c. de **piment séché**
1 **poivron rouge** épépiné et coupé en lamelles
400 g de **tomates** concassées en conserve
100 ml de **vin blanc**
12 **olives noires** dénoyautées et émincées
4 **filets de cabillaud**, sans la peau, de 150 g chacun
haricots verts cuits à la vapeur pour servir (facultatif)

Faites chauffer l'huile d'olive dans une poêle et faites-y revenir l'oignon, l'ail et le piment séché 3 à 4 minutes. Ajoutez le poivron rouge et faites-le cuire 3 à 4 minutes.

Ajoutez les tomates, le vin blanc et les olives puis laissez mijoter 8 minutes.

Ajoutez les filets de cabillaud et faites cuire 8 à 10 minutes, en les retournant 1 fois s'ils ne sont pas recouverts de sauce.

Vous pouvez servir ce cabillaud avec des haricots verts.

cabillaud au piment et au citron

Prêt en **20 minutes**

Coupez 1 citron en rondelles et disposez-les sur 4 morceaux de papier sulfurisé. Mélangez 1 c. à c. de piment séché, ¼ de c. à c. de paprika fumé et 1 pincée de poivre de Cayenne. Saupoudrez ce mélange sur 4 filets de cabillaud de 150 g chacun. Disposez les filets sur les rondelles de citron. Pliez et refermez les papillotes en laissant 1 côté ouvert, versez 1 c. à s. de vin blanc dans chacune. Refermez-les et posez-les dans un plat. Faites cuire les papillotes 15 minutes au four préchauffé à 200 °C. Sortez les filets et servez-les avec des légumes verts cuits à la vapeur et le jus de cuisson.

lotte au prosciutto et lentilles aux épinards

Pour **4 personnes**
Prêt en **30 minutes**

4 **filets de lotte**, sans la peau, de 150 g chacun
le **jus** de 1 **citron**
6 à 8 feuilles de **basilic** hachées + quelques-unes pour décorer
2 c. à c. de **poivre noir** du moulin
4 tranches de **prosciutto** coupées en deux dans la longueur
4 c. à s. d'**huile d'olive**
2 **échalotes** coupées en dés
400 g de **lentilles vertes** en conserve, égouttées
200 g de **pousses d'épinard**
2 c. à s. de **crème fraîche**
sel

Arrosez la lotte avec la moitié du jus de citron et parsemez de basilic et de poivre. Enroulez chaque filet de lotte dans 2 morceaux de prosciutto et placez 10 minutes au réfrigérateur.

Faites chauffer la moitié de l'huile d'olive dans une poêle et faites-y revenir les échalotes 3 à 4 minutes. Ajoutez les lentilles et réchauffez-les 2 à 3 minutes. Ajoutez les épinards et laissez-les se flétrir. Ajoutez le reste du jus de citron, la crème fraîche, salez et poivrez.

Faites chauffer le reste de l'huile d'olive dans une autre poêle et faites-y cuire les filets de lotte 6 à 8 minutes, en les retournant 2 ou 3 fois. Servez-les sur un lit de lentilles aux épinards, décorés de basilic.

lotte à la sauce tomate

Prêt en **20 minutes**

Faites chauffer 2 c. à s. d'huile d'olive dans une poêle et faites-y revenir 2 échalotes finement hachées. Ajoutez 2 gousses d'ail pilées, ½ c. à c. de paprika et 1 poivron rouge, épépiné et coupé en fines lamelles. Ajoutez 400 g de tomates concassées en conserve et laissez mijoter 5 à 6 minutes. Ajoutez 100 g d'épinards ciselés et faites-les flétrir. Faites chauffer 1 c. à s. d'huile d'olive dans une autre poêle et faites-y cuire 450 g de filet de lotte coupé en cubes de 2,5 cm pendant 1 à 2 minutes de chaque côté. Mélangez délicatement la lotte et la sauce. Ajoutez 2 c. à s. de persil haché et servez sur un lit de lentilles vertes cuites.

salade de thon, haricots et poivrons grillés

Pour **4 personnes**
Prêt en **20 minutes**

3 **poivrons rouges** coupés en deux et épépinés
200 g de **thon à l'huile** en conserve
½ c. à c. de **moutarde**
½ c. à c. de **miel**
½ c. à c. de **vinaigre balsamique**
400 g de **haricots cannellini** en conserve, rincés et égouttés
½ **oignon rouge** émincé
65 g de **tomates cerises** coupées en deux
persil pour décorer

Faites cuire les poivrons, côté coupé vers le bas, sous un gril préchauffé, jusqu'à ce que la peau noircisse. Mettez-les dans un saladier, couvrez de film alimentaire et laissez refroidir jusqu'à pouvoir les manipuler. Retirez la peau. Coupez-les en lamelles.

Égouttez le thon au-dessus d'un bol et fouettez l'huile avec la moutarde, le miel et le vinaigre balsamique.

Coupez le thon en morceaux et répartissez-les dans 4 assiettes. Ajoutez des lamelles de poivron, des haricots cannellini, l'oignon et des tomates. Arrosez de vinaigrette et mélangez. Parsemez de persil et servez.

soupe de haricots, poivrons et crevettes

Prêt en **10 minutes**

Dans une casserole, faites revenir 1 oignon haché, 2 gousses d'ail hachées, 2 poivrons rouges épépinés et coupés en morceaux, et 1 carotte coupée en rondelles dans 1 c. à s. d'huile d'olive. Ajoutez 800 g de haricots cannellini en conserve, rincés et égouttés, et 1 litre de bouillon de légumes chaud. Portez à ébullition puis laissez frémir 3 à 4 minutes. Mixez la soupe puis ajoutez 275 g de crevettes cuites décortiquées et faites cuire 1 minute. Parsemez de feuilles de basilic hachées et servez avec 1 cuillerée de yaourt nature.

truites rôties aux olives

Pour **4 personnes**
Prêt en **30 minutes**

4 **truites** de 225 g chacune, écaillées
4 c. à s. de **farine**
2 c. à s. d'**huile d'olive**
1 **oignon** émincé
30 g d'**olives vertes farcies au piment**
400 g de **tomates** coupées en morceaux
le **jus** de 1 **citron**
1 c. à s. de **câpres**
2 c. à s. de **persil** haché pour décorer

Farinez les truites. Faites chauffer l'huile d'olive dans une poêle et faites-y dorer les truites 2 à 3 minutes de chaque côté. Posez-les dans un plat, côte à côte.

Dans une poêle, faites revenir l'oignon et les olives 3 à 4 minutes, puis versez-les sur le poisson. Ajoutez les tomates, le jus de citron et les câpres, et faites cuire 15 à 18 minutes au four préchauffé à 190 °C. Saupoudrez de persil haché puis servez.

rillettes de truite fumée

Prêt en **10 minutes**

Mixez 350 g de truite fumée effilochée, 200 g de beurre doux, le jus de 1 citron, 1 c. à s. de crème au raifort et 1 pincée de poivre de Cayenne au robot ou au blender jusqu'à obtenir une pâte onctueuse. Ajoutez 100 g de truite fumée effilochée, 1 c. à s. de crème fraîche et 2 c. à s. de ciboulette hachée. Servez sur des toasts de ciabatta.

filets de bar et salade de lentilles

Pour **4 personnes**
Prêt en **10 minutes**

4 c. à s. d'**huile d'olive**
400 g de **lentilles** en conserve, égouttées
2 c. à s. de **persil** haché
1 **poivron rouge** épépiné et coupé en dés
3 **oignons verts** émincés
1 **pamplemousse rose**
4 **filets de bar** de 150 g chacun

Faites chauffer 2 cuillerées à soupe d'huile d'olive dans une petite casserole, à feu moyen. Ajoutez les lentilles, le persil, le poivron et les oignons verts, et faites cuire 2 à 3 minutes.

Pelez le pamplemousse, séparez les segments au-dessus de la casserole pour récupérer le jus et mélangez les segments avec les lentilles.

Faites chauffer le reste de l'huile d'olive dans une poêle et faites-y cuire les filets de bar 2 à 3 minutes de chaque côté. Servez-les sur un lit de lentilles.

carpaccio de bar

Prêt en **30 minutes**

Coupez 450 g de filet de bar sans la peau en très fines tranches, en biais, et posez-les dans un plat peu profond. Fouettez le jus de 1 pamplemousse, 3 c. à s. d'huile d'olive, 3 oignons verts émincés et un peu de poivre dans un bol. Versez la marinade sur le poisson et laissez reposer 25 minutes. Disposez les feuilles ciselées de 1 cœur de laitue romaine sur un plat et garnissez avec les segments de 2 pamplemousses. Ajoutez le poisson mariné, saupoudrez 1 c. à s. de graines de sésame puis servez.

saint-jacques au safran et purée de pommes

Pour **4 personnes**
Prêt en **30 minutes**

4 c. à s. d'**huile d'olive**
1 **bâton de cannelle**
4 **clous de girofle**
3 **pommes à cuire** épluchées, épépinées et coupées en morceaux
200 g de **pistaches** décortiquées
le **jus** de ½ **citron**
1 c. à s. de **vinaigre de xérès**
1 c. à s. de **miel**
1 petite pincée de **filaments de safran**
12 **noix de saint-jacques**

Faites chauffer 1 cuillerée à soupe d'huile d'olive dans une casserole et faites-y revenir la cannelle et les clous de girofle 1 à 2 minutes. Ajoutez les pommes et faites cuire 4 à 5 minutes, à feu doux. Retirez les épices, ajoutez la moitié des pistaches et faites cuire 3 à 4 minutes. Mixez cette préparation jusqu'à obtenir une purée onctueuse. Incorporez le jus de citron. Réservez au chaud.

Hachez finement le reste des pistaches au mixeur. Ajoutez 2 cuillerées à soupe d'huile d'olive. Faites réduire le vinaigre de xérès dans une petite casserole jusqu'à ce qu'il ne reste que 1 cuillerée à café. Incorporez le miel et le safran.

Faites chauffer le reste de l'huile d'olive dans une poêle et saisissez les noix de saint-jacques 1 minute de chaque côté. Ajoutez la sauce au safran les 30 dernières secondes de cuisson.

Dressez la purée de pommes dans 4 assiettes. Ajoutez 3 noix de saint-jacques dans chacune et arrosez d'huile à la pistache.

salade de saint-jacques au cresson

Prêt en **10 minutes**

Mélangez 60 g de roquette, 60 g d'épinards, 60 g de cresson, 1 pomme finement coupée et 2 c. à s. de vinaigrette italienne. Faites frire 6 feuilles de sauge dans 2 c. à s. d'huile de tournesol, à la poêle. Faites chauffer 1 noix de beurre et 1 c. à s. d'huile d'olive, et faites cuire 12 noix de saint-jacques 1 minute de chaque côté. Posez-les sur la salade et garnissez de 1 c. à s. de câpres, de 2 c. à s. de pistaches hachées et de feuilles de sauge.

moules à la crème et à la pancetta

Pour **4 personnes**
Prêt en **20 minutes**

4 tranches de **pain italien** croustillant
3 **gousses d'ail** dont 1 entière et 2 pilées
2 c. à s. d'**huile d'olive**
200 g de **pancetta** coupée en dés
1,5 kg de **moules** nettoyées
200 ml de **cidre**
3 c. à s. de **crème fraîche**
1 c. à s. d'**estragon** haché
1 c. à s. de **persil** haché

Faites griller les tranches de pain des 2 côtés et frottez chacune avec la gousse d'ail entière puis placez-les dans des assiettes creuses.

Faites chauffer l'huile d'olive dans une casserole et faites-y revenir la pancetta 2 à 3 minutes pour qu'elle croustille.

Mettez les moules dans la poêle avec l'ail pilé et le cidre. Couvrez et laissez cuire 3 à 4 minutes jusqu'à ce que les moules s'ouvrent. Jetez celles qui restent fermées.

Sortez les moules avec une écumoire et mettez-les dans les assiettes, sur le pain. Mélangez la crème fraîche au jus de cuisson des moules et faites bouillir 1 à 2 minutes. Ajoutez les herbes et la pancetta et réchauffez avant de verser sur les moules.

asperges à la pancetta et sauce aux moules

Prêt en **10 minutes**

Faites mijoter 100 g de moules cuites décortiquées du commerce avec 2 gousses d'ail pilées dans 150 ml de bouillon de poisson chaud pendant 2 minutes. Ajoutez 300 ml de crème épaisse entière et 1 c. à s. de persil haché, et laissez frémir 4 à 5 minutes pour que la sauce épaississe. Enveloppez 12 pointes d'asperge dans 12 tranches de pancetta et arrosez-les de 2 c. à s. d'huile d'olive. Faites chauffer une poêle-gril et faites-y cuire les asperges 4 à 5 minutes. Servez-les nappées de sauce aux moules.

salade de crevettes aux tomates

Pour **4 personnes**
Prêt en **10 minutes**

500 g de grosses **crevettes** cuites, décortiquées
3 **tomates** mûres coupées en morceaux
1 **poivron rouge** épépiné et coupé en morceaux
4 **oignons verts** émincés
25 g de **roquette**
3 c. à s. d'**huile d'olive vierge extra**
2 c. à s. de **vinaigre de vin rouge**
½ c. à c. de **graines de cumin**

Mélangez les crevettes avec les tomates, le poivron rouge, les oignons verts et la roquette dans un saladier.

Fouettez l'huile d'olive, le vinaigre et les graines de cumin dans un bol.

Versez la vinaigrette sur la salade, mélangez et servez.

tomates cœur-de-bœuf farcies aux crevettes

Prêt en **30 minutes**

Faites revenir 2 gousses d'ail hachées, 2 oignons verts émincés et 12 crevettes cuites décortiquées dans 1 c. à s. d'huile d'olive pendant 4 à 5 minutes. Ajoutez 100 g de chapelure fraîche et 2 c. à s. de persil haché, salez, poivrez. Coupez 4 tomates cœur-de-bœuf en deux, évidez-les et placez-les dans un plat à gratin. Garnissez-les de la préparation. Saupoudrez-les de 2 c. à s. de parmesan râpé et faites-les cuire 18 à 20 minutes au four préchauffé à 220 °C. Servez avec une salade verte croquante.

rougets poêlés et haricots verts

Pour **4 personnes**
Prêt en **20 minutes**

300 g de **haricots verts**
2 c. à s. d'**huile d'olive**
1 **oignon rouge** haché
2 **poivrons rouges** épépinés et coupés en lamelles
4 **filets de rouget** de 150 g chacun
2 c. à s. de **noisettes** hachées
2 c. à s. de **persil** haché

Faites cuire les haricots verts à l'eau bouillante. Égouttez-les.

Faites chauffer 1 cuillerée à soupe d'huile d'olive dans une poêle et faites revenir l'oignon pendant 2 à 3 minutes, puis ajoutez les poivrons et faites cuire 2 à 3 minutes.

Faites chauffer le reste de l'huile d'olive dans une autre poêle et faites-y cuire les filets de rouget 3 à 4 minutes de chaque côté.

Transférez les haricots verts et les noisettes dans la poêle avec les poivrons, mélangez, coupez le feu et ajoutez le persil.

Servez les filets de rouget sur un lit de haricots verts et de poivrons.

rougets à l'orange et tomates aux herbes

Prêt en **10 minutes**

Faites cuire 4 filets de rouget de 150 g chacun à la poêle dans 1 c. à s. d'huile d'olive 3 minutes de chaque côté, en ajoutant le jus de 1 orange après les avoir retournés. Retirez-les de la poêle et réservez-les au chaud. Ajoutez 6 tomates roma coupées en morceaux, 1 c. à s. d'estragon haché et 1 c. à s. d'aneth haché, et laissez mijoter 3 à 4 minutes. Servez le poisson avec la sauce.

cocotte de fruits de mer

Pour **4 personnes**
Prêt en **20 minutes**

4 c. à s. d'**huile d'olive**
1 **oignon** coupé en dés
4 **gousses d'ail** pilées
100 ml de **vin blanc**
400 g de **tomates concassées** en conserve
200 ml de **bouillon de poisson**
1 pincée de **filaments de safran**
400 g d'un **mélange de fruits de mer** prêt à l'emploi
2 c. à s. de **persil** haché
pain croustillant pour servir (facultatif)

Faites chauffer l'huile d'olive dans une cocotte et faites-y revenir l'oignon et l'ail pendant 3 à 4 minutes. Versez le vin blanc et laissez frémir 2 à 3 minutes puis ajoutez les tomates, le bouillon et le safran.

Laissez mijoter, ajoutez les fruits de mer et le persil haché, et faites cuire 5 à 6 minutes pour réchauffer le tout. Servez avec du pain croustillant.

risotto aux fruits de mer

Prêt en **30 minutes**

Faites revenir 1 oignon coupé en dés, 1 piment rouge finement haché et 2 gousses d'ail pilées à la poêle dans 2 c. à s. d'huile d'olive pendant 2 à 3 minutes. Ajoutez 350 g de riz arborio et 2 c. à s. de concentré de tomates, et faites revenir 1 à 2 minutes. Versez 100 ml de vin blanc et faites cuire environ 1 à 2 minutes. Quand il est absorbé, ajoutez 1 louchée de bouillon de poisson chaud et mélangez jusqu'à ce qu'il soit complètement absorbé. Répétez l'opération avec le reste du bouillon (1 litre au total), louchée par louchée, jusqu'à ce que le riz soit al dente. Ajoutez 400 g d'un mélange de fruits de mer et 1 petite poignée de persil haché, et poursuivez la cuisson 2 à 3 minutes. Ajoutez le jus de ½ citron et servez.

sardines marinées

Pour **4 personnes**
Prêt en **30 minutes**

12 **sardines** ouvertes en papillon
100 ml d'**huile d'olive**
le **zeste** râpé et le **jus** de 1 **citron vert**
2 c. à s. de feuilles de **basilic** hachées
¼ de c. à c. de **piment séché**

Pour servir
quartiers de **citron**
pain ciabatta ou **salade verte** croquante (facultatif)

Mettez les sardines dans un plat non métallique peu profond. Fouettez l'huile d'olive, le zeste et le jus de citron vert, le basilic et le piment séché dans un bol puis versez sur les sardines. Couvrez le plat de film alimentaire et placez au réfrigérateur pour 20 minutes.

Faites cuire les sardines sous le gril préchauffé 1 à 2 minutes de chaque côté.

Servez avec des quartiers de citron et du pain ciabatta ou une salade verte croquante.

bruschettas aux sardines et aux tomates

Prêt en **10 minutes**

Faites dorer 8 tranches de ciabatta des 2 côtés et frottez chacune avec 1 gousse d'ail. Coupez 3 tomates en fines rondelles et disposez-les sur des toasts. Ajoutez quelques feuilles de roquette. Garnissez les bruschettas avec 2 boîtes de sardines à l'huile de 115 g chacune. Arrosez avec l'huile des conserves, poivrez et servez.

salade de haricots au thon et aux olives

Pour 4 **personnes**
Prêt en **10 minutes**

400 g de **thon** en conserve, égoutté
100 g de **tomates** coupées en morceaux
30 g d'**olives noires** dénoyautées
400 g de **haricots cannellini** en conserve, rincés et égouttés
1 **oignon rouge** émincé
50 g de **roquette**
huile d'olive vierge extra pour servir

Mettez le thon dans un saladier et émiettez-le avec une fourchette.

Ajoutez les tomates, les olives, les haricots, l'oignon rouge et la roquette.

Arrosez d'huile d'olive et servez sans attendre.

thon poêlé et salade de haricots verts

Prêt en **30 minutes**

Posez 4 steaks de thon de 150 g chacun sur une planche et poivrez-les des 2 côtés. Faites cuire 450 g de haricots verts à la vapeur pendant 4 à 5 minutes. Fouettez 3 c. à s. d'huile d'olive vierge extra avec le jus de 1 citron et ½ c. à c. de miel au fond d'un saladier. Ajoutez 50 g de tomates séchées, hachées, et 40 g d'olives noires dénoyautées. Ajoutez les haricots tièdes et mélangez. Faites dorer 65 g de noisettes à sec dans une poêle, hachez-les grossièrement et ajoutez-les à la salade. Faites chauffer 1 c. à s. d'huile d'olive dans une poêle et faites-y cuire les steaks de thon à votre convenance, environ 3 à 4 minutes de chaque côté. Servez le thon poêlé sur un lit de salade.

viandes & volailles

agneau mijoté à la sauce aux olives

Pour **4 personnes**
Prêt en **30 minutes**

450 g d'**épaule d'agneau**
2 c. à s. de **farine** salée et poivrée
2 c. à s. d'**huile d'olive**
1 **oignon** haché
2 **carottes** coupées en dés
2 **gousses d'ail** hachées
½ c. à s. de **romarin** haché
200 ml de **vin blanc**
400 g de **tomates concassées** en conserve
12 **olives noires** dénoyautées
le **zeste** râpé et le **jus** de 1 **citron**
2 c. à s. de **persil** haché
800 ml d'**eau**
200 g de **polenta** instantanée
25 g de **beurre**
2 c. à s. de **parmesan** râpé

Coupez l'agneau en cubes et passez-les dans la farine. Faites-les dorer dans l'huile d'olive dans une casserole.

Ajoutez l'oignon et faites-le cuire 3 à 4 minutes, en remuant, puis ajoutez les carottes, l'ail et le romarin. Poursuivez la cuisson 3 à 4 minutes.

Versez le vin blanc et les tomates, portez à ébullition puis laissez frémir 20 minutes pour que l'agneau soit tendre.

Ajoutez les olives, le zeste et le jus de citron, et le persil haché 1 minute avant la fin de la cuisson.

Dans une autre casserole, portez l'eau à ébullition et versez la polenta. Faites-la cuire 1 minute, sans cesser de remuer. Incorporez le beurre et le parmesan râpé et répartissez-la dans 4 assiettes creuses. Ajoutez l'agneau en sauce puis servez.

carré d'agneau au romarin et aux olives

Prêt en **20 minutes**

Faites chauffer 1 c. à s. d'huile d'olive dans une poêle et faites-y dorer 2 carrés d'agneau de 750 g à 1 kg chacun. Posez-les dans un plat à gratin et arrosez-les de 300 ml de vin blanc, ajoutez 2 ou 3 branches de romarin, 30 olives noires dénoyautées et 3 c. à s. de câpres. Faites-les cuire 15 minutes au four préchauffé à 200 °C. Faites cuire 200 g de bouquets de brocoli et 2 courgettes coupées en rondelles à la vapeur. Servez le carré coupé en côtelettes arrosé de jus de cuisson et accompagné de légumes vapeur.

carpaccio de bœuf

Pour **4 personnes**
Prêt en **30 minutes**

1 **filet de bœuf** de 250 g environ
3 c. à s. d'**huile d'olive vierge extra**
1 c. à c. de **poivre noir** du moulin
1 c. à s. de feuilles de **thym** hachées
1 c. à c. de **moutarde de Dijon**
½ c. à s. de **vinaigre balsamique**
½ c. à c. de **miel**
60 g de **roquette**
25 g de copeaux de **parmesan** pour servir

Posez le filet de bœuf sur une planche à découper et badigeonnez-le au pinceau de 1 cuillerée à soupe d'huile d'olive mélangée avec le poivre et le thym. Entourez-le de film alimentaire et placez-le pour 20 minutes au congélateur.

Fouettez le reste de l'huile d'olive, la moutarde, le vinaigre balsamique et le miel dans un bol. Disposez la roquette sur un plat.

Déballez la viande et coupez-la en tranches aussi fines que possible, puis disposez-les sur la roquette.

Garnissez de copeaux de parmesan, arrosez de vinaigrette puis servez.

salade au bœuf grillé

Prêt en **20 minutes**

Fouettez 3 c. à s. d'huile d'olive vierge extra, 1 c. à s. de vinaigre balsamique, ½ c. à c. de crème de raifort et ½ c. à c. de miel dans un bol. Faites chauffer une poêle-gril ou un barbecue et faites-y cuire 1 rumsteck de 450 g à votre convenance. Laissez-le reposer. Mélangez 75 g de mesclun, 2 tomates cœur-de-bœuf coupées en rondelles puis en deux, 2 avocats coupés en tranches et 1 poivron jaune épépiné et coupé en lamelles. Servez dans 4 assiettes. Coupez le rumsteck en tranches et disposez-les sur la salade. Arrosez de vinaigrette au raifort puis servez.

poulet au parmesan

Pour **4 personnes**
Prêt en **30 minutes**

4 **blancs de poulet**, sans la peau, de 150 g chacun
2 c. à s. de **farine**
2 **œufs** battus
100 g de **chapelure** fraîche
75 g de **parmesan** râpé
3 c. à s. d'**huile d'olive**
1 **oignon** coupé en dés
2 **gousses d'ail** pilées
400 g de **tomates concassées** en conserve
1 c. à c. d'**origan** séché
¼ de c. à c. de **piment séché**
8 à 10 feuilles de **basilic** ciselées
200 g de **mozzarella** coupée en tranches

Placez les blancs de poulet entre 2 morceaux de film alimentaire et aplatissez-les sur une épaisseur de 1 cm avec un maillet à viande ou un rouleau à pâtisserie.

Mettez séparément la farine, les œufs battus et la chapelure mélangée au parmesan dans 3 assiettes creuses. Plongez chaque blanc de poulet dans la farine, puis dans les œufs, puis dans la chapelure pour les enrober complètement. Placez-les quelques minutes au réfrigérateur.

Faites chauffer 1 cuillerée à soupe d'huile d'olive dans une poêle et faites-y revenir l'oignon et l'ail 2 à 3 minutes. Ajoutez les tomates, l'origan et le piment séché, et laissez mijoter 10 minutes.

Faites chauffer le reste de l'huile d'olive dans une autre poêle et faites-y cuire les blancs de poulet 4 à 5 minutes de chaque côté.

Versez la sauce tomate dans un plat à gratin. Disposez les blancs de poulet par-dessus et parsemez-les de basilic. Ajoutez les tranches de mozzarella et faites gratiner 10 minutes au four préchauffé à 200 °C.

salade de poulet aux mangues

Prêt en **10 minutes**

Effilochez 3 blancs de poulet cuits. Mélangez-les dans un saladier avec 2 mangues coupées en tranches, 50 g de cresson et 100 g de fontina coupé en morceaux. Fouettez 3 c. à s. d'huile d'olive vierge extra, 1 c. à s. de vinaigre balsamique et ½ c. à c. de moutarde. Versez sur la salade, parsemez 2 c. à s. de graines de courge grillées puis servez.

veau au prosciutto et à la sauge

Pour **4 personnes**
Prêt en **30 minutes**

4 **escalopes de veau** de 150 g chacune
4 tranches de **prosciutto**
4 feuilles de **sauge**
2 c. à s. de **farine**
3 c. à s. d'**huile d'olive**
350 g de **haricots verts**
le **zeste** râpé de 1 **citron**
25 g de **beurre**
100 ml de v**in blanc**
sel et **poivre**

Placez les escalopes de veau entre 2 morceaux de film alimentaire et aplatissez-les sur une épaisseur de 5 cm avec un maillet à viande.

Posez 1 tranche de prosciutto et 1 feuille de sauge sur chaque escalope et faites-les tenir à l'aide d'une pique à cocktail. Mettez la farine dans une assiette, salez et poivrez. Passez chaque escalope dans la farine.

Faites cuire les haricots verts à la vapeur puis mélangez-les avec 1 cuillerée à soupe d'huile d'olive et le zeste de citron. Réservez-les au chaud.

Faites chauffer le beurre et le reste de l'huile d'olive dans une poêle et faites-y cuire les escalopes 2 à 3 minutes de chaque côté. Retirez-les de la poêle, versez-y le vin et raclez le fond de la poêle. Laissez bouillir 1 à 2 minutes. Servez les escalopes sur un lit de haricots verts, nappées de sauce.

salade de haricots verts au prosciutto

Prêt en **10 minutes**

Faites cuire 450 g de haricots verts à la vapeur. Faites frire 8 tranches de prosciutto dans 1 c. à s. d'huile d'olive. Mélangez les haricots verts avec 2 avocats coupés en morceaux, 100 g de tomates cerises coupées en deux, 2 c. à s. de pignons de pin grillés et 200 g de mozzarella effilochée. Arrosez de 3 c. à s. d'huile d'olive et du jus de ½ citron, et ajoutez le prosciutto croustillant coupé en morceaux.

porc romarin et citron, salade de haricots

Pour **4 personnes**
Prêt en **30 minutes**

1 c. à s. d'**huile d'olive**
2 c. à c. de **romarin** finement haché
4 **gousses d'ail** pilées
le **zeste** râpé et le **jus** de 1 **citron**
4 **escalopes de porc** de 150 g chacune
1 **oignon rouge** émincé
2 c. à s. de **vinaigre de xérès**
800 g de **haricots cannellini** en conserve, rincés et égouttés
110 g de **mesclun**

Mélangez l'huile d'olive, le romarin, l'ail, le jus et le zeste de citron dans un récipient non métallique. Ajoutez les escalopes de porc et mélangez pour les enrober. Laissez-les mariner 10 minutes.

Faites chauffer une poêle-gril et faites-y cuire les escalopes 3 à 4 minutes de chaque côté. Retirez-les de la poêle et réservez-les au chaud.

Versez le reste de la marinade dans la poêle et faites cuire l'oignon 2 à 3 minutes, puis versez le vinaigre et faites bouillir 1 à 2 minutes. Ajoutez les haricots cannellini égouttés pour les réchauffer.

Mélangez les haricots au mesclun et servez en accompagnement des escalopes.

salade de haricots cannellini et pancetta

Prêt en **10 minutes**

Dans une poêle, faites revenir 1 oignon rouge émincé, 125 g de pancetta coupée en dés et 2 gousses d'ail pilées à la poêle dans 2 c. à s. d'huile d'olive pendant 2 à 3 minutes. Ajoutez 1 poivron rouge coupé en dés et faites cuire 1 minute. Ajoutez 800 g de haricots cannellini en conserve, rincés et égouttés, réchauffez-les 1 à 2 minutes, ajoutez 2 c. à s. de feuilles de basilic ciselées, du sel, du poivre et le jus de ½ citron, puis servez.

foie d'agneau à la sauge

Pour **4 personnes**
Prêt en **10 minutes**

600 g de **purée de pommes de terre** prête à l'emploi
450 g de **foie d'agneau** coupé en fines lamelles
2 c. à s. de **farine** salée et poivrée
50 g de **beurre**
4 ou 5 feuilles de **sauge** hachées

Préparez la purée en suivant les indications du paquet.

Pendant ce temps, passez le foie dans la farine. Faites chauffer le beurre dans une poêle et faites-y cuire le foie et la sauge 1 à 2 minutes de chaque côté.

Servez avec la purée de pommes de terre arrosée du jus de cuisson.

foie d'agneau aux champignons

Prêt en **20 minutes**

Salez et poivrez 2 c. à s. de farine et saupoudrez-les sur 450 g de foie d'agneau. Faites chauffer 1 c. à s. d'huile d'olive dans une poêle et faites-y cuire le foie 2 minutes de chaque côté. Réservez-le au chaud. Faites chauffer 1 autre c. à s. d'huile d'olive dans une poêle propre et faites-y sauter 1 oignon émincé et 150 g de champignons de Paris 4 à 5 minutes. Faites bouillir 800 ml d'eau dans une casserole. Versez-y 200 g de polenta instantanée et faites-la cuire 1 à 2 minutes sans cesser de remuer jusqu'à épaississement. Mélangez 1 c. à s. de ciboulette hachée avec 1 c. à s. de persil haché et incorporez-en la moitié à la polenta. Parsemez l'autre moitié sur les champignons, ajoutez le foie et le jus de 1 citron, et faites chauffer 1 minute. Servez le foie et les champignons sur la polenta aux herbes.

salade aux foies de poulet

Pour **4 personnes**
Prêt en **10 minutes**

4 tranches de **lard fumé**
400 g de **foies de poulet** parés
1 c. à s. d'**huile d'olive vierge extra**
20 g de **cresson**
1 **laitue romaine** émincée
1 **oignon rouge** émincé
sel et **poivre**
vinaigrette à l'italienne pour servir

Faites cuire les tranches de lard sous le gril pour qu'elles soient croustillantes. Laissez-les refroidir puis hachez-les grossièrement.

Salez et poivrez les foies de poulet. Faites chauffer l'huile d'olive dans une poêle et faites cuire les foies de poulet pour qu'ils soient dorés à l'extérieur et restent rosés à l'intérieur. Laissez-les refroidir quelques instants puis coupez-les en morceaux.

Mélangez le cresson, la laitue et l'oignon dans un saladier. Ajoutez les foies de poulet et le lard, arrosez de vinaigrette et servez sans attendre.

foie de veau aux oignons caramélisés

Prêt en **20 minutes**

Faites chauffer 2 c. à s. d'huile d'olive et 25 g de beurre dans une poêle. Faites cuire 3 gros oignons émincés 15 minutes à feu moyen, en remuant fréquemment. Ajoutez un peu de vinaigre balsamique et 1 c. à s. de sucre brun et poursuivez la cuisson 3 à 4 minutes. Faites chauffer 2 c. à s. d'huile d'olive avec 30 g de beurre dans une autre poêle et faites-y cuire 500 g de foie de veau 2 à 3 minutes de chaque côté. Servez-les garnis d'oignons.

porc en croûte de polenta

Pour **4 personnes**
Prêt en **30 minutes**

4 c. à s. de **polenta** instantanée
4 c. à s. de **parmesan** râpé
2 c. à s. de **farine**
1 **œuf** battu
4 **escalopes de porc** de 150 g chacune
3 **poires** épépinées et coupées en lamelles
1 **oignon rouge** émincé
75 g de **roquette**
2 c. à s. de **noix** concassées
3 c. à s. d'**huile d'olive**
1 c. à s. de **vinaigre balsamique**
50 g de **beurre**

Mélangez la polenta et le parmesan dans une assiette creuse. Mettez la farine et l'œuf dans 2 autres assiettes.

Passez les escalopes de porc dans la farine, dans l'œuf puis dans la polenta. Placez-les 5 minutes au réfrigérateur.

Mélangez les poires, l'oignon, la roquette et les noix dans un saladier, ajoutez 2 cuillerées à soupe d'huile d'olive et le vinaigre balsamique.

Faites chauffer le reste de l'huile d'olive et le beurre dans une poêle, et faites-y cuire les escalopes 3 à 4 minutes de chaque côté. Servez-les avec la salade assaisonnée.

steaks de porc aux poires

Prêt en **20 minutes**

Faites revenir 2 oignons rouges coupés en quartiers avec 2 poires épépinées et coupées en quatre, et quelques branches de romarin dans 2 c. à s. d'huile d'olive dans un plat à gratin, sur une plaque de cuisson. Ajoutez 4 steaks de porc de 150 g chacun et faites-les cuire 2 à 3 minutes de chaque côté. Parsemez de 60 g de gorgonzola émietté et faites dorer sous le gril préchauffé pour que le fromage fonde. Servez avec des légumes verts vapeur.

agneau au miel, à la moutarde et au citron

Pour **4 personnes**
Prêt en **30 minutes**

4 **gousses d'ail** pilées
4 c. à s. de **miel**
2 c. à s. de **moutarde à l'ancienne**
le **zeste** râpé et le **jus** de 1 **citron**
1 petite poignée de **romarin** haché
2 c. à s. d'**huile d'olive**
4 **steaks de gigot** ou d'**épaule d'agneau** de 150 g chacun
300 g de **tagliatelles**
1 **oignon rouge** émincé
2 **courgettes** coupées en rondelles

Fouettez l'ail, le miel, la moutarde, le zeste et le jus de citron, le romarin et 1 cuillerée à soupe d'huile d'olive dans un récipient non métallique. Ajoutez les steaks, mélangez et laissez mariner 10 minutes.

Faites cuire les tagliatelles à l'eau bouillante en suivant les indications du paquet.

Faites cuire les steaks sous le gril préchauffé à votre convenance, environ 3 à 4 minutes de chaque côté.

Faites chauffer le reste de l'huile d'olive dans une poêle et faites-y sauter l'oignon et les courgettes 3 à 4 minutes, puis versez le reste de la marinade. Laissez mijoter 1 à 2 minutes. Égouttez les pâtes et ajoutez-les dans la poêle avec l'oignon et les courgettes.

Servez les steaks d'agneau avec les tagliatelles.

brochettes d'agneau à l'italienne

Prêt en **20 minutes**

Mélangez 250 g d'agneau haché avec ½ c. à c. de graines de fenouil, 1 gousse d'ail pilée et ½ c. à s. de basilic haché, salez et poivrez. Façonnez 8 boulettes, piquez-les 2 par 2 sur 4 brochettes en métal et badigeonnez-les d'huile. Faites-les cuire 8 à 10 minutes sur une poêle-gril. Servez avec une salade croquante assaisonnée de 3 c. à s. d'huile d'olive vierge extra, du jus de ½ citron, de ½ c. à c. de moutarde de Dijon et de ½ c. à c. de miel.

poulet aux poivrons à la romaine

Pour **4 personnes**
Prêt en **30 minutes**

4 **blancs de poulet**, sans la peau, de 150 g chacun
3 c. à s. d'**huile d'olive**
1 **oignon rouge** émincé
3 **gousses d'ail** pilées
2 **poivrons rouges** épépinés et coupés en lamelles
1 **poivron jaune** épépiné et coupé en lamelles
1 **poivron vert** épépiné et coupé en lamelles
125 g d'**olives vertes** dénoyautées
400 g de **tomates cerises** en conserve
300 ml de **bouillon de poulet**
2 branches d'**origan**
2 c. à s. de **persil** haché
sel et **poivre**

Dans une cocotte, faites colorer les blancs de poulet dans l'huile d'olive. Réservez-les.

Faites revenir l'oignon et l'ail 1 à 2 minutes dans la cocotte. Ajoutez les poivrons et poursuivez la cuisson 2 à 3 minutes puis ajoutez les olives, les tomates cerises, le bouillon et l'origan.

Ajoutez les blancs de poulet et laissez mijoter 20 à 22 minutes à couvert, pour qu'ils soient cuits et tendres. Ajoutez le persil haché, salez, poivrez puis servez.

paninis au poulet et aux poivrons rouges

Prêt en **20 minutes**

Coupez 3 poivrons rouges en deux, parez-les et faites-les cuire sous le gril, côté coupé vers le bas, jusqu'à ce que la peau noircisse. Mettez-les dans un saladier, couvrez avec du film alimentaire, laissez refroidir puis pelez-les et coupez-les en lamelles. Mélangez 4 c. à s. de mayonnaise avec 1 c. à s. de pesto. Ouvrez 2 ciabattas et nappez chaque face de mayonnaise. Disposez des pousses d'épinard et 200 g de mozzarella coupée en tranches sur la base de chaque ciabatta. Ajoutez les lamelles de 3 blancs de poulet cuits, 4 tomates coupées en rondelles, les lamelles des poivrons et quelques feuilles de basilic. Refermez les ciabattas. Posez-les sur une poêle-gril bien chaude et aplatissez-les en appuyant avec une casserole. Faites cuire 3 minutes de chaque côté pour que le fromage commence à fondre. Coupez-les en deux et servez-les bien chaudes.

agneau grillé, sauce aux anchois

Pour **4 personnes**
Prêt en **20 minutes**

10 à 12 **filets d'anchois**
le **jus** de 1 **citron**
2 c. à c. de **romarin** haché
4 c. à s. d'**huile d'olive**
8 **côtelettes** d'**agneau** de 150 g chacune
400 g de **broccolini**
poivre

Écrasez les anchois au pilon dans un mortier pour obtenir une pâte. Incorporez progressivement le jus de citron puis le romarin et l'huile d'olive pour obtenir une sauce crémeuse. Vous pouvez aussi la préparer au robot.

Poivrez les côtelettes d'agneau et faites-les cuire 3 à 4 minutes de chaque côté sous le gril préchauffé.

Faites cuire le broccolini à la vapeur 3 à 4 minutes. Arrosez les côtelettes avec la sauce aux anchois et servez-les avec le broccolini.

spaghettis à l'agneau, brocoli et anchois

Prêt en **10 minutes**

Faites cuire 350 g de spaghettis en suivant les indications du paquet. Ajoutez 350 g de bouquets de brocoli pendant les 3 dernières minutes de cuisson. Faites revenir 8 filets d'anchois hachés, 1 piment rouge finement haché et 4 côtes-filet d'agneau de 150 g chacune, coupées en lamelles dans 3 c. à s. d'huile d'olive pendant 3 à 4 minutes. Réservez. Faites dorer 100 g de chapelure dans la poêle. Égouttez les spaghettis et le brocoli et remettez-les dans la casserole avec la viande et la moitié de la chapelure, puis mélangez avec 2 c. à s. d'huile d'olive. Saupoudrez du reste de la chapelure et servez.

spaghettis aux boulettes et sauce tomate

Pour **4 personnes**
Prêt en **30 minutes**

500 g de **bœuf haché**
5 **gousses d'ail** pilées
¼ de c. à c. d'**origan** séché
1 c. à s. de **persil** haché
2 c. à s. de **parmesan** râpé
2 c. à s. d'**huile d'olive**
1 **oignon** coupé en dés
1 petite pincée de **piment séché**
800 g de **tomates concassées** en conserve
100 ml de **vin rouge**
1 c. à c. de **sucre**
2 c. à s. de feuilles de **basilic** hachées
375 g de **spaghettis**
copeaux de **parmesan** pour servir

Mélangez la viande hachée, 2 gousses d'ail pilées, l'origan, le persil et le parmesan dans un saladier. Façonnez des boulettes de la taille d'une noix. Faites chauffer 1 cuillerée à soupe d'huile d'olive dans une poêle et faites-y frire les boulettes 10 à 12 minutes.

Dans une autre poêle, faites chauffer le reste de l'huile d'olive et faites-y revenir l'oignon, le reste de l'ail et le piment séché 3 à 4 minutes, puis ajoutez les tomates, le vin, le sucre et le basilic, et laissez frémir 8 à 10 minutes.

Faites cuire les spaghettis en suivant les indications du paquet.

Ajoutez les boulettes à la sauce et poursuivez la cuisson 3 à 4 minutes.

Égouttez les spaghettis, dressez-les dans des assiettes et garnissez de boulettes et de sauce. Parsemez de copeaux de parmesan puis servez.

boulettes de poulet

Prêt en **20 minutes**

Faites chauffer 1 c. à s. d'huile d'olive dans une poêle et faites-y cuire 400 g de poulet haché, mélangé avec 50 g de pignons de pin 5 à 6 minutes. Transférez dans un saladier et incorporez 1 c. à s. de basilic haché, 100 g de chapelure fraîche, 50 g de parmesan râpé, 2 œufs battus et le zeste râpé et le jus de 1 citron. Mélangez à la main puis formez des boulettes de la taille d'une noix. Faites chauffer 1 c. à s. d'huile d'olive dans une poêle et faites-y cuire les boulettes. Servez-les avec 500 g de sauce tomate du commerce réchauffée, parsemée de persil haché.

escalopes de veau à la crème

Pour **4 personnes**
Prêt en **30 minutes**

10 g de **cèpes séchés**
4 **escalopes de veau** de 150 g chacune
2 c. à s. de **farine**
50 g de **beurre**
1 c. à s. d'**huile d'olive**
2 **gousses d'ail** hachées
1 **oignon** haché
100 g de **champignons de Paris** émincés
100 ml de **vin blanc**
200 ml de **crème liquide** entière
1 belle poignée de **pousses d'épinard**
sel et **poivre**
purée de pommes de terre pour servir

Couvrez les cèpes d'eau bouillante et laissez-les réhydrater 10 minutes. Égouttez-les en conservant le liquide de trempage et hachez-les grossièrement.

Farinez les escalopes de veau. Faites chauffer le beurre et l'huile d'olive dans une poêle et faites-y cuire les escalopes 2 à 3 minutes de chaque côté. Retirez-les de la poêle et réservez-les au chaud.

Faites revenir l'ail, l'oignon et les champignons dans la poêle pendant 4 à 5 minutes. Versez le vin et laissez bouillir 2 à 3 minutes puis ajoutez la crème et 2 à 3 cuillerées à soupe de liquide de trempage des cèpes.

Portez à ébullition puis ajoutez les cèpes et les épinards, salez et poivrez. Ajoutez les escalopes et faites-les réchauffer 1 minute. Servez avec une purée de pommes de terre.

papardelles aux cèpes et au veau

Prêt en **20 minutes**

Faites cuire 350 g de papardelles. Faites chauffer 2 c. à s. d'huile d'olive dans une poêle et faites-y revenir 2 échalotes hachées et 1 gousse d'ail pilée. Ajoutez 275 g de cèpes frais et 300 g de veau finement émincé et saisissez-les rapidement à feu vif. Salez et poivrez généreusement, ajoutez 150 ml de crème liquide et portez à ébullition. Égouttez les pâtes et mélangez-les avec la sauce. Saupoudrez 2 c. à s. de persil haché et 2 c. à s. de parmesan râpé, puis servez.

escalopes de porc et peperonata

Pour **4 personnes**
Prêt en **30 minutes**

2 c. à s. d'**huile d'olive**
1 **oignon** coupé en petits dés
2 **gousses d'ail** pilées
2 **poivrons rouges** épépinés et coupés en fines lamelles
1 **poivron jaune** épépiné et coupé en fines lamelles
2 c. à s. de **vin blanc**
400 g de **tomates concassées** en conserve
4 **escalopes de porc** de 150 g chacune
1 c. à s. d'**origan** haché
broccolini pour servir

Faites chauffer 1 cuillerée à soupe d'huile d'olive dans une poêle et faites-y revenir l'oignon 3 à 4 minutes. Ajoutez l'ail et poursuivez la cuisson 1 minute.

Ajoutez les poivrons et le vin, portez à ébullition, couvrez et laissez mijoter 10 minutes. Ajoutez les tomates et faites cuire 10 à 15 minutes de plus, sans couvrir, jusqu'à ce que les poivrons soient tendres.

Passez les escalopes de porc dans le reste de l'huile d'olive et l'origan, et faites-les cuire sur une poêle-gril chaude ou au barbecue 3 à 4 minutes de chaque côté.

Servez les escalopes sur un lit de peperonata avec du broccolini cuit à la vapeur.

côtelettes de porc au brocoli

Prêt en **10 minutes**

Faites cuire 650 g de brocoli pourpre 4 à 5 minutes dans l'eau bouillante. Égouttez. Passez 4 escalopes de porc dans de la farine salée et poivrée. Faites chauffer 50 g de beurre et 1 c. à s. d'huile d'olive dans une poêle et faites-y cuire les escalopes avec 2 c. à c. de feuilles de sauge hachées pendant 4 à 5 minutes. Faites revenir le brocoli à la poêle dans 2 c. à s. d'huile d'olive pendant 1 minute. Ajoutez 2 gousses d'ail hachées, ¼ de c. à c. de piment séché, le jus de ½ citron et du poivre, et poursuivez la cuisson 1 minute. Servez avec les escalopes.

côtelettes d'agneau au fenouil et au marsala

Pour **4 personnes**
Prêt en **20 minutes**

3 c. à s. d'**huile d'olive**
2 bulbes de **fenouil** émincés
2 c. à c. de feuilles de **thym** hachées
50 ml de **marsala**
100 ml de **crème épaisse** entière
300 g de **petits pois** surgelés, décongelés
1 **gousse d'ail** finement hachée
8 **côtelettes d'agneau** de 150 g chacune

Faites chauffer 2 cuillerées à soupe d'huile d'olive dans une poêle et faites-y revenir le fenouil et le thym 1 à 2 minutes. Ajoutez le marsala, la crème et les petits pois et laissez mijoter 4 à 5 minutes.

Faites chauffer le reste de l'huile dans une poêle et faites-y frire l'ail et les côtelettes 3 à 4 minutes de chaque côté.

Transférez les côtelettes dans la poêle avec les légumes et poursuivez la cuisson 3 à 4 minutes jusqu'à ce qu'elles soient cuites à votre convenance.

carré d'agneau en croûte de pesto

Prêt en **30 minutes**

Mélangez 2 c. à s. de pesto du commerce avec 4 c. à s. de chapelure. Incisez le gras de 2 carrés d'agneau de 450 g chacun et recouvrez-les de pesto, en appuyant bien. Faites cuire au four préchauffé à 220 °C pendant 14 à 16 minutes, ou plus longtemps si vous souhaitez que la viande ne soit pas trop rosée. Émincez 3 bulbes de fenouil et mélangez-les avec 2 c. à s. d'huile d'olive et le jus de ½ citron. Poivrez et faites-les cuire sur une poêle-gril pour qu'ils caramélisent. Servez les carrés d'agneau avec le fenouil et une salade de cresson.

mijoté de saucisses italiennes aux haricots

Pour **4 personnes**
Prêt en **30 minutes**

2 c. à s. d'**huile d'olive**
4 **saucisses italiennes**
1 gros **oignon** haché
2 **gousses d'ail** hachées
1 c. à c. de **graines de fenouil**
800 g de **tomates concassées** en conserve
500 ml de **bouillon de bœuf**
800 g de **haricots borlotti** en conserve, rincés et égouttés
200 g de **haricots verts** coupés en deux
1 c. à s. de feuilles de **basilic** hachées
2 c. à s. de **parmesan** râpé

Faites chauffer l'huile d'olive dans une poêle. Coupez les saucisses en morceaux et faites-les dorer 3 à 4 minutes. Réservez les saucisses et faites revenir l'oignon, l'ail et les graines de fenouil 3 à 4 minutes dans la poêle, puis ajoutez les tomates et le bouillon de bœuf.

Portez à frémissement, remettez les saucisses dans la casserole et ajoutez les haricots borlotti.

Faites cuire 10 minutes puis ajoutez les haricots verts et le basilic. Poursuivez la cuisson 5 à 6 minutes pour que les saucisses soient cuites et les haricots tendres. Saupoudrez de parmesan râpé puis servez.

salade aux saucisses et dip aux haricots

Prêt en **10 minutes**

Mélangez 50 g de laitue romaine, 125 g de poivrons rouges grillés en bocal, égouttés et coupés, 2 c. à s. d'olives noires dénoyautées, 3 tomates en rondelles et 200 g de saucisses italiennes en grosses rondelles dans un saladier. Mixez 400 g de haricots borlotti, rincés et égouttés, 2 gousses d'ail pilées, le jus de ½ citron, 2 c. à s. de tahin et 4 ou 5 c. à s. d'huile d'olive vierge extra dans un robot pour obtenir une pâte onctueuse, en ajoutant de l'huile si besoin. Ajoutez 1 c. à s. d'huile d'olive et 1 c. à s. de pignons de pin grillés à la salade et servez avec le dip.

desserts

bouchées à la noix de coco

Pour **4 personnes**
Prêt en **20 minutes**

50 g de **beurre doux** fondu + un peu pour la plaque
200 g de **noix de coco râpée**
50 g de **sucre en poudre**
1 **œuf** battu

Beurrez une plaque de cuisson. Mélangez la noix de coco, le sucre et le beurre fondu dans un saladier. Incorporez l'œuf et mélangez bien.

Prélevez des noix de cette préparation et formez des petites pyramides, à la main. Posez-les sur la plaque et faites-les cuire 15 minutes au four préchauffé à 150 °C. Laissez-les refroidir sur une grille.

biscottis à la noix de coco

Prêt en **30 minutes**

Mélangez 110 g de sucre en poudre, 110 g de farine, 1 c. à c. de poudre à lever, le zeste râpé de 1 orange, 50 g d'amandes blanchies, 15 g de noix de coco râpée et 1 œuf dans un saladier pour obtenir une pâte dure. Mettez-la sur un plan de travail fariné et roulez-la pour former un boudin de 28 cm de long. Posez-le sur une plaque de cuisson et faites-le cuire 15 minutes au four préchauffé à 220 °C. Sortez-le du four, laissez-le refroidir 2 à 3 minutes puis coupez-le délicatement en tranches. Disposez les biscottis sur la plaque et faites-les cuire 2 à 3 minutes pour qu'ils soient croustillants. Laissez-les refroidir sur une grille.

pêches rôties aux amarettis

Pour **4 personnes**
Prêt en **20 minutes**

4 **pêches** coupées en deux et dénoyautées
8 **amarettis**
1 c. à s. de **miel**
25 g de **beurre doux** coupé en dés
2 c. à s. d'**amandes effilées**, grillées pour servir

Pour la crème au mascarpone
4 c. à s. de **mascarpone**
2 c. à s. de **sucre glace** tamisé
2 c. à s. d'**amaretto**

Disposez les pêches dans un plat à gratin, côté coupé vers le haut. Émiettez les amarettis et parsemez-les dans les creux des pêches. Arrosez de miel.

Ajoutez des noisettes de beurre sur les pêches et faites-les cuire 15 à 18 minutes au four préchauffé à 200 °C.

Fouettez le mascarpone, le sucre glace et l'amaretto dansun bol.

Servez les pêches avec 1 cuillerée de mascarpone, parsemées d'amandes effilées.

tartelettes aux pêches et aux amandes

Prêt en **30 minutes**

Étalez 300 g de pâte feuilletée sur un plan de travail fariné et coupez-la en 4 rectangles de 10 × 12 cm. Posez-les sur une plaque de cuisson. Tracez 1 rectangle à 1 cm des bords avec la pointe d'un couteau, piquez les fonds de tartelettes avec une fourchette et badigeonnez-les d'œuf battu. Faites-les cuire 10 minutes au four préchauffé à 200 °C. Hachez 175 g de pâte d'amandes et répartissez-la sur les rectangles. Coupez 3 pêches en lamelles, disposez-les sur les tartelettes et saupoudrez-les de 2 c. à s. d'amandes effilées. Poursuivez la cuisson 10 minutes pour qu'elles dorent. Fouettez 2 c. à s. de mascarpone, 2 c. à s. de sucre glace et 1 c. à s. d'amaretto dans un bol et servez avec les tartelettes.

ricotta au miel et aux framboises

Pour **4 personnes**
Prêt en **10 minutes**

450 g de **ricotta**
le **zeste** râpé de 2 **oranges**
3 c. à s. de **miel**
350 g de **framboises**

Mélangez la ricotta, le zeste d'orange et 2 cuillerées à soupe de miel dans un bol. Incorporez délicatement les framboises.

Servez la crème dans 4 verres ou 4 verrines. Arrosez avec le reste du miel et servez sans attendre.

mousse à la ricotta

Prêt en **20 minutes**

Mixez 360 g de ricotta, 180 g de mascarpone et 30 g de sucre dans un robot ou un blender. Incorporez le zeste râpé de 2 oranges et les graines grattées de 1 gousse de vanille. Fouettez 450 ml de crème épaisse entière avec 2 c. à s. d'amaretto pour que la crème se raffermisse, puis incorporez-la délicatement à la ricotta. Versez dans 4 coupes et placez pour 10 minutes au réfrigérateur. Servez cette mousse garnie de framboises et de feuilles de menthe.

salade orange-fraise

Pour **4 personnes**
Prêt en **10 minutes**

60 g de **sucre en poudre**
100 ml d'**eau**
1 c. à s. de feuilles de **basilic** finement ciselées
150 g de **fraises** équeutées, coupées en deux
4 **oranges**

Mettez le sucre et l'eau dans une casserole et portez à ébullition. Laissez frémir 2 minutes, puis laissez refroidir quelques instants et ajoutez le basilic.

Mettez les fraises dans un saladier. Pelez 4 oranges et séparez les segments au-dessus du saladier pour récupérer le jus. Mélangez les oranges et les fraises. Arrosez de sirop puis servez.

oranges au marsala

Prêt en **20 minutes**

Pelez 4 oranges et coupez-les en fines rondelles. Mettez-les dans un plat peu profond et arrosez avec 3 c. à s. de marsala ou d'amaretto. Laissez mariner 10 minutes. Mettez 40 g de sucre et 1 petite poignée de feuilles de menthe hachées dans un mortier, et écrasez-les. Saupoudrez le sucre mentholé et 6 biscuits amarettis émiettés sur les oranges et dressez le tout dans 4 coupes. Ajoutez 1 cuillerée de mascarpone puis servez.

tiramisu

Pour **4 personnes**
Prêt en **30 minutes**

50 g de **sucre en poudre**
2 **jaunes d'œufs**
150 ml de **café** fort
2 c. à s. de **liqueur de café**
225 ml de **crème épaisse** entière
250 g de **mascarpone**
225 g de **biscuits à la cuillère**
1 c. à c. de **cacao en poudre**

Mettez le sucre et les jaunes d'œufs dans un saladier placé au-dessus d'une casserole d'eau frémissante et fouettez pendant 4 à 5 minutes jusqu'à obtenir une préparation légère et mousseuse. Laissez refroidir quelques instants.

Versez le café dans un plat peu profond et ajoutez la liqueur.

Fouettez la crème pour que des pointes se forment. Incorporez le mascarpone aux jaunes d'œufs refroidis puis incorporez progressivement la crème fouettée.

Trempez la moitié des biscuits à la cuillère dans le café et disposez-les au fond d'un plat.Recouvrez-les avec la moitié de la crème. Répétez l'opération avec le reste des biscuits et de la crème, et saupoudrez de cacao. Placez pour 10 minutes au réfrigérateur.

tiramisu express en verrines

Prêt en **10 minutes**

Trempez 12 biscuits à la cuillère dans 100 ml de café fort et répartissez-les dans 4 verrines. Fouettez 250 g de mascarpone avec 2 c. à s. de liqueur de café et versez sur les biscuits. Saupoudrez ½ c. à c. de cacao en poudre tamisé puis servez.

sabayon

Pour **4 personnes**
Prêt en **20 minutes**

1 **gousse de vanille** fendue en deux
8 **jaunes d'œufs**
2 c. à s. de **sucre en poudre**
4 c. à s. de **marsala**
biscuits fins et légers pour servir

Grattez les graines de la gousse de vanille et mélangez-les avec les jaunes d'œufs, le sucre et le marsala dans un saladier. Fouettez le tout.

Placez le saladier sur une casserole d'eau frémissante, à feu très doux, et continuez à fouetter pendant 8 à 10 minutes jusqu'à ce que la préparation soit très légère, mousseuse et se tienne.

Versez dans 4 verres et servez avec des biscuits.

prunes, panettone et sabayon

Prêt en **30 minutes**

Coupez 350 g de prunes en deux, dénoyautez-les, mettez-les dans une casserole avec le jus et le zeste râpé de 2 oranges, 65 g de sucre en poudre et 1 bâton de cannelle. Laissez frémir 15 minutes à feu doux. Préparez le sabayon de la recette ci-dessus. Faites griller 4 tranches de panettone des 2 côtés et posez-les sur 4 assiettes. Garnissez-les avec les prunes cuites et le sabayon.
Servez sans attendre.

figues au miel

Pour **4 personnes**
Prêt en **30 minutes**

12 **figues**
20 g de **beurre doux**
4 c. à s. de **miel**
¼ de c. à c. de **cannelle moulue**

Pour servir (facultatif)
4 c. à s. de **mascarpone**
50 g d'**amandes effilées**

Entaillez chaque figue en croix, sans les découper complètement. Placez-les dans un plat à gratin.

Faites fondre le beurre, le miel et la cannelle dans une casserole et versez la préparation sur les figues. Faites-les cuire 20 minutes au four préchauffé à 200 °C.

Servez les figues avec 1 cuillerée de mascarpone et quelques amandes effilées.

figues au miel et au fromage

Prêt en **10 minutes**

Coupez 1 ciabatta en deux verticalement puis en quatre horizontalement. Faites griller les morceaux des 2 côtés. Garnissez chacun avec 50 g de gorgonzola, 1 figue coupée en tranches et 1 cuillerée à soupe de miel.

pastèque et ananas à la sambuca

Pour **4 personnes**
Prêt en **10 minutes**

½ petite **pastèque**
1 petit **ananas**
4 shooters de **sambuca**
2 c. à s. d'**amandes effilées**, grillées
4 boules de **crème glacée à la vanille** pour servir

Parez la pastèque et l'ananas et coupez-les en tranches de 1 cm d'épaisseur. Disposez-les en piles sur 4 assiettes, en alternant les fruits.

Versez 1 shooter de sambuca sur chaque assiette, ajoutez 1 boule de glace et parsemez les fruits d'amandes effilées.

beignets d'ananas

Prêt en **30 minutes**

Tamisez 200 g de farine au-dessus d'un saladier et incorporez 125 ml d'eau tiède, 100 ml de bière, ½ c. à s. d'huile végétale et ½ c. à s. de marsala en mélangeant au fouet. Coupez 1 gros ananas paré en tranches épaisses. Faites chauffer de l'huile de tournesol dans une sauteuse ou une grande casserole jusqu'à 180 à 190 °C. Incorporez 2 blancs d'œufs à la pâte. Plongez-y les tranches d'ananas et secouez pour ôter l'excédent. Plongez-en quelques-unes dans l'huile. Faites-les frire 3 à 4 minutes pour qu'elles soient bien dorées. Retirez-les avec une écumoire et égouttez-les sur du papier absorbant. Répétez l'opération avec le reste des ingrédients. Servez les beignets garnis de sucre glace et de quelques feuilles de menthe ciselées.

amarettis

Pour **8 personnes**
Prêt en **20 minutes**

2 gros **blancs d'œufs**
175 g de **poudre d'amandes**
175 g de **sucre en poudre**
3 c. à c. d'**amaretto**

Chemisez une plaque de cuisson de papier sulfurisé. Montez les blancs d'œufs en neige dans un saladier propre avec un batteur électrique. Incorporez délicatement la poudre d'amandes, le sucre et l'amaretto.

Disposez des cuillerées à café de pâte sur la plaque, en les espaçant de 2,5 cm. Faites cuire 15 minutes au four préchauffé à 160 °C. Laissez les biscuits refroidir sur une grille.

crumble aux framboises et aux amandes

Prêt en **10 minutes**

Mettez 400 g de framboises dans un plat à gratin. Mélangez 40 g de beurre fondu, 20 g de sucre en poudre et 125 g de poudre d'amandes dans un saladier. Recouvrez les fruits de cette préparation et faites cuire 5 à 6 minutes sous le gril à température moyenne. Servez avec de la crème fraîche.

pizzas sucrées aux fruits rouges

Pour **4 personnes**
Prêt en **20 minutes**

525 g de **farine blanche** + un peu pour le plan de travail
4 c. à s. de **sucre en poudre**
1 sachet de 7 g de **levure de boulanger sèche**
1 pincée de **sel**
1 c. à s. d'**huile d'olive**
300 ml d'**eau tiède**
300 g de **cream cheese**
3 gros **jaunes d'œufs**
2 à 3 gouttes d'**extrait de vanille**
400 g de **fruits rouges** frais
175 g de **cassonade blonde**
25 g de **farine**
50 g de **beurre doux** fondu

Pour la pâte à pizza, mélangez 500 g de farine, 2 cuillerées à soupe de sucre, la levure et le sel dans un saladier. Faites un puits au centre. Incorporez l'huile d'olive et la plus grande partie de l'eau. Mélangez à la main, en ajoutant progressivement de l'eau si nécessaire pour obtenir une pâte molle mais non collante.

Pétrissez la pâte sur le plan de travail fariné pendant 5 à 10 minutes jusqu'à ce qu'elle soit lisse et élastique. Coupez-la en 4 morceaux, étalez-les en disques de 15 cm de diamètre et posez-les sur 2 plaques de cuisson.

Mélangez le cream cheese, les jaunes d'œufs, l'extrait de vanille et le reste du sucre en poudre. Étalez cette préparation sur les disques de pâte. Garnissez de fruits. Mélangez la cassonade avec 25 g de farine et le beurre fondu dans un bol puis versez sur les fruits. Faites cuire les pizzas 12 à 15 minutes au four préchauffé à 220 °C.

faux calzones sucrés

Prêt en **20 minutes**

Mélangez 200 g de cream cheese avec 1 jaune d'œuf et 2 c. à s. de sucre en poudre dans un bol. Nappez la moitié de chacune des 4 tortillas avec la préparation, en laissant un bord libre de 2,5 cm. Ajoutez 200 g de fraises équeutées, coupées en lamelles, et 1 petite poignée de myrtilles. Badigeonnez les bords d'œuf battu et repliez chaque tortilla pour former des demi-disques. Appuyez sur les bords pour les sceller. Faites chauffer 25 g de beurre et 1 c. à s. d'huile d'olive dans une poêle et faites dorer les tortillas 3 à 4 minutes de chaque côté.

tartelettes aux pommes et au parmesan

Pour **4 personnes**
Prêt en **20 minutes**

farine pour le plan de travail
175 g de **pâte feuilletée**
2 c. à c. de **cassonade blonde**
2 **pommes à cuire** épluchées, épépinées et coupées en lamelles
2 c. à c. de **miel**
40 g de **parmesan** râpé

Pour la crème au mascarpone (facultatif)
4 c. à s. de **mascarpone**
le zeste **râpé** et le **jus** de ½ **citron**
1 c. à c. de **sucre muscovado**

Chemisez une plaque de cuisson de papier sulfurisé. Étalez la pâte feuilletée sur le plan de travail fariné et coupez-la en 4 rectangles de 10 × 12 cm. Posez-les sur la plaque et saupoudrez-les de cassonade.

Disposez les lamelles de pomme en ligne sur chaque rectangle. Arrosez-les de miel et saupoudrez de parmesan râpé. Faites cuire les tartelettes 12 à 14 minutes au four préchauffé à 200 °C.

Préparez la crème au mascarpone en fouettant le mascarpone avec le zeste et le jus de citron et le sucre muscovado.

Servez chaque tartelette garnie de 1 cuillerée de crème au mascarpone.

beignets aux pommes

Prêt en **30 minutes**

Tamisez 150 g de farine, ½ sachet de levure et 1 c. à c. de cannelle. Ajoutez 60 g de sucre en poudre puis 190 ml de jus de pomme, au fouet, pour obtenir une pâte. Faites chauffer de l'huile de tournesol à 180-190 °C dans une friteuse ou une grande casserole. Épluchez et évidez 4 pommes et coupez-les en anneaux de 1 cm d'épaisseur. Trempez-les dans la pâte puis plongez-les dans l'huile, en procédant en plusieurs fois. Faites-les frire 1 à 2 minutes. Retirez-les avec une écumoire et égouttez-les sur du papier absorbant. Saupoudrez-les de sucre glace et servez-les avec du mascarpone.

biscottis

Pour **4 personnes**
Prêt en **30 minutes**

110 g de **sucre en poudre**
110 g de **farine**
+ un peu pour le plan de travail
1 c. à c. de **poudre à lever**
le **zeste** râpé de 1 **citron**
50 g d'**amandes blanchies**
15 g de **canneberges séchées**
1 **œuf** battu

Mettez tous les ingrédients dans un saladier et mélangez à la main pour obtenir une pâte épaisse. Posez-la sur un plan de travail fariné et roulez-la pour former un boudin de 28 cm de long. Posez-le sur une plaque de cuisson et faites-le cuire 15 minutes au four préchauffé à 220 °C.

Sortez-le du four, laissez-le refroidir 2 à 3 minutes puis coupez-le délicatement en tranches. Disposez les biscottis sur la plaque et faites-les cuire 2 à 3 minutes pour qu'ils soient croustillants. Laissez-les refroidir sur une grille.

verrines de biscottis aux fruits

Prêt en **10 minutes**

Hachez 10 biscottis au robot ou au blender et mélangez-les avec 40 g de beurre fondu. Pressez cette préparation au fond de 4 verrines. Répartissez 2 pêches dénoyautées, coupées en dés, 50 g de canneberges séchées et 100 g de framboises dans les verrines. Ajoutez 2 c. à s. de yaourt nature sur chacune et saupoudrez 2 c. à c. de sucre muscovado. Placez pour 2 minutes au réfrigérateur avant de servir.

verrines aux figues et au miel

Pour **4 personnes**
Prêt en **30 minutes**

250 g de **figues**
le **zeste** râpé de 1 **orange**
3 c. à s. de **jus d'orange pressé**
2 c. à s. de **miel**
250 g de **yaourt nature épais**

Pour servir
1 c. à s. d'**amandes effilées**, grillées
amarettis

Dans une petite casserole, faites chauffer les figues, le zeste et le jus d'orange, et le miel à feu doux pendant 12 à 15 minutes jusqu'à obtenir une préparation molle et crémeuse. Laissez-la refroidir quelques instants.

Mixez-la au robot ou au blender pour qu'elle soit onctueuse. Ajoutez le yaourt et mixez rapidement pour conserver un effet marbré.

Versez dans 4 verrines, parsemez d'amandes effilées et servez avec des amarettis à tremper.

bruschettas aux fraises et aux figues

Prêt en **20 minutes**

Faites dorer 8 tranches de ciabatta des 2 côtés. Faites chauffer 4 c. à s. de miel, 2 c. à c. de zeste de citron râpé et 2 c. à c. de jus de citron dans une casserole, en remuant, pour que le miel se liquéfie. Ajoutez 125 g de fraises équeutées, coupées en deux, et 3 figues coupées en quatre, et faites cuire 1 minute. Mettez ½ c. à s. de mascarpone sur chaque toast et ajoutez quelques fruits. Servez sans attendre.

pancakes à la ricotta, oranges et figues

Pour **4 personnes**
Prêt en **30 minutes**

100 ml de **lait**
250 g de **ricotta**
75 g de **farine**
½ c. à c. de **poudre à lever**
2 **œufs**, blancs et jaunes séparés
1 c. à s. de **sucre en poudre**
25 g de **beurre**
2 **oranges**
2 c. à c. de **miel**
3 **figues** coupées en quatre

Mettez le lait, la ricotta, la farine, la poudre à lever, les jaunes d'œufs et le sucre dans le bol d'un robot ou blender, et mixez jusqu'à obtenir une préparation onctueuse. Montez les blancs en neige au batteur électrique puis incorporez-les à la pâte.

Faites fondre le beurre dans une poêle antiadhésive et déposez quelques cuillerées de pâte. Faites cuire 2 à 3 minutes de chaque côté. Procédez en plusieurs fois et conservez les pancakes au chaud.

Pelez les oranges et séparez les segments au-dessus d'un bol pour récupérer le jus. Faites chauffer le jus et le miel dans une casserole.

Servez 3 pancakes par personne, garnis de segments d'orange, de morceaux de figues et arrosés de jus au miel.

omelette soufflée à l'orange

Prêt en **10 minutes**

Montez 2 blancs d'œufs en neige au batteur électrique jusqu'à ce que des pointes se forment. Fouettez 2 jaunes d'œufs avec 1 ½ c. à s. de sucre dans un saladier. Incorporez les blancs en neige. Faites fondre 5 g de beurre dans une poêle allant au four et versez les œufs. Laissez cuire 2 à 3 minutes à feu doux puis ajoutez les segments de 1 orange. Saupoudrez 1 c. à c. de sucre glace tamisé et faites dorer 1 à 2 minutes sous le gril préchauffé.

glace aux abricots et à l'amaretto

Pour **4 personnes**
Prêt en **10 minutes**

400 g d'**abricots au sirop**, en conserve
2 c. à s. d'**amaretto**
4 boules de **crème glacée à la vanille**
8 **amarettis** émiettés

Récupérez le sirop des abricots en conserve et faites-le réduire à feu moyen dans une casserole, puis ajoutez l'amaretto.

Servez les abricots dans 4 coupes et arrosez-les de sirop chaud.

Ajoutez 1 boule de glace à la vanille dans chaque coupe et parsemez d'amarettis émiettés.

pancakes aux abricots et mascarpone à l'orange

Prêt en **30 minutes**

Tamisez 140 g de farine, ½ sachet de levure et 1 pincée de bicarbonate de soude. Ajoutez 25 g de sucre en poudre. Battez 1 œuf avec 150 ml de lait et incorporez-les à la farine. Ajoutez 40 g d'abricots secs, hachés. Râpez le zeste de 1 orange et séparez les segments en récupérant le jus. Mélangez le zeste, le jus et les segments avec 250 g de mascarpone et 1 c. à s. de liqueur d'orange. Faites chauffer 1 c. à c. d'huile d'olive dans une poêle et déposez-y 4 c. à s. de pâte. Faites cuire 1 minute de chaque côté. Répétez l'opération avec le reste de la pâte. Servez 3 ou 4 pancakes par personne, garnis de 1 belle cuillerée de mascarpone.

cassata aux fruits confits

Pour **4 personnes**
Prêt en **30 minutes**

285 g de **quatre-quarts** du commerce
300 g de **ricotta**
60 g de **fruits confits** hachés
25 g de **chocolat noir** haché
25 g de **sucre en poudre**
2 c. à s. d'**amaretto**

Chemisez un moule à cake de 500 g de film alimentaire en le laissant dépasser suffisamment sur les bords pour pouvoir le replier par-dessus le gâteau.

Coupez le gâteau horizontalement en 3 tranches. Mélangez la ricotta, les fruits confits, le chocolat et le sucre dans un bol. Mettez 1 tranche de gâteau au fond du moule. Recouvrez-la avec la moitié de la garniture à la ricotta.

Répétez l'opération avec une deuxième tranche de gâteau et le reste de la garniture. Recouvrez avec la dernière tranche de gâteau et arrosez d'amaretto.

Repliez le film par-dessus en serrant bien et placez pour 20 minutes au congélateur.

poires et ricotta aux fruits confits

Prêt en **10 minutes**

Épluchez, épépinez et coupez 4 poires en lamelles, disposez-les dans 4 coupes. Mélangez 1 c. à s. d'amaretto, 2 c. à s. de fruits confits hachés et 150 g de ricotta. Servez sur les poires et nappez chaque bol de 1 c. à c. de miel.

coulants au chocolat et aux amarettis

Pour **4 personnes**
Prêt en **30 minutes**

125 g de **beurre doux** + un peu de beurre fondu pour les moules
1 c. à c. de **cacao en poudre** tamisé
125 g de **chocolat noir** haché
3 gros **œufs**
125 g de **sucre en poudre**
35 g de **farine**
50 g d'**amarettis** émiettés

Beurrez 4 ramequins avec du beurre fondu et chemisez-les de cacao en poudre.

Faites fondre le chocolat et le beurre au bain-marie. Fouettez les œufs et le sucre jusqu'à obtenir une préparation légère et mousseuse. Incorporez le chocolat fondu, la farine et les amarettis émiettés à la préparation.

Versez dans les ramequins et faites cuire 12 à 15 minutes au four préchauffé à 190 °C.

dessert au chocolat et à l'amaretto

Prêt en **10 minutes**

Faites fondre 60 g de chocolat noir, 30 g de beurre doux et 30 g de miel liquide dans une casserole, en remuant, pour obtenir une sauce onctueuse. Mettez quelques amarettis au fond de 4 ramequins, versez ½ c. à c. d'amaretto dans chacun, puis de la sauce. Ajoutez 1 cuillerée de crème fraîche et 1 pincée de cacao, puis servez.

table des recettes

antipasti

pizzas, pasta & risottos

poissons & fruits de mer

viandes & volailles

desserts

découvrez toute la collection
MA PETITE CUISINE MARABOUT

Ma petite cuisine **Marabout**

100 recettes, 5 ingrédients, 10 minutes
200 recettes végétariennes
200 recettes vegan
200 recettes en moins de 20 minutes
200 recettes de soupes
200 recettes à moins de 5 €
100 plats végétariens en 5 ingrédients
200 desserts allégés
200 recettes smoothies